Wahre Geschichten

UM

VATER AUGUST

Aufgeschrieben
von Dagmar Vogel

TAUCHAER VERLAG

WAHRE GESCHICHTEN NR. 27

Vogel, Dagmar:
Wahre Geschichten um Vater August/Dagmar Vogel.–
I. Aufl. – [Taucha]: Tauchaer Verlag, 1997.
ISBN 3-910074-59-6

© by Tauchaer Verlag
Satz und Reproduktion:
Leipziger Medienservice
Druck und Verarbeitung:
Westermann Druck Zwickau
Printed in Germany
ISBN 3-910074-59-6

INHALT

VORWORT

Unter den Vertretern des sächsischen Kur- und Königshauses ist Kurfürst August zweifellos eine der bedeutendsten Persönlichkeiten. Dabei liegen seine Verdienste weniger auf außenpolitischem Gebiet. Augusts Stärke war die Wirtschaftspolitik Kursachsens. Hier leistete er Herausragendes, das die Jahrhunderte überdauerte. Seiner umsichtigen Förderung, die ihm den Ehrennamen »Vater August« eintrug, verdankte Sachsen seine führende ökonomische Rolle im Deutschen Reich. Neben dem Ausbau des Montanwesens, der wichtigsten Wirtschaftsbasis Kursachsens, stärkte August die Rechte der Leipziger Messe, ließ Post- und Handelswege ausbauen, führte die Gemarkungen in den kurfürstlichen Wäldern ein. Besonderen Wert legte er auf eine strenge Überwachung des Münzregals. Der sächsische Taler galt als stabile Währung. Er war ein begehrtes Zahlungsmittel. Auch in der Landwirtschaft leistete der Kurfürst Vorbildliches.

Zusammmen mit seiner Gemahlin, der die Geschichte zurecht den Beinamen »Mutter Anna« gab, entwickelte er aus den kursächsischen Kammergütern Musterwirtschaften, die Vorbild für die Rittergüter des Landes wurden. Sachsen verdankt ihm nicht zuletzt die Gründung der Sächsischen Landesbibliothek und die der berühmten Kunstsammlungen.

Beide gingen aus der »Liberey« des Kurfürsten hervor.

Und wie war Kurfürst August als Mensch? Betrachtet man eines jener Gemälde im Moritzburger Schloß, die ihn darstellen, drängt sich dem Betrachter der Eindruck auf, es mit einem »strengen Herrn« zu tun zu haben, mit dem im Ernstfall nicht gut Kirschen essen war. Dieser Eindruck ist durchaus richtig. »August von Gottes Gnaden Kurfürst von Sachßen« neigte im fortgeschrittenen Alter zu erschreckender Intoleranz, die besonders Nichtprotestanten zu spüren bekamen. Eine Intoleranz, die selbst langjährige engste Mitarbeiter nicht vor Folter und Kerker bewahrte, wenn sie das Pech hatten, Calvinisten zu sein.

Genährt wurde dieses Verhalten durch die unter Augusts Regierung mächtig gewordenen Stände. Sie fanden in ihm einen stets friedliebenden unmilitärischen Herrscher, der sofort nach seinem Regierungsantritt auf die Großmachtpolitik des Bruders verzichtete. August fehlte es an jenem politischen Spürsinn, jenem Charisma, das Moritz auszeichnete. Der unter seinem Bruder fast schon gebrochenen Macht der Stände gelang es, ihre Position so auszubauen, daß Sachsen bei Augusts Tod jener erstarrte und erstarkte Ständestaat war, der seine Nachfolger immer wieder erfolgreich am Ausbau des Absolutismus hinderte.

D.V.

Am 5. August 1541 bestimmte Herzog Heinrich der Fromme seinen ältesten Sohn Moritz zum Mitregenten im Albertinischen Sachsen. Moritz befand sich wenige Tage später auf der Reise nach Hessen, seine Braut heimzuholen, als ihn die Nachricht vom Tod des Vaters ereilte. Er begab sich sofort auf die Rückreise nach Sachsen. In Leipzig und Dresden nahm er schon eine Woche nach Herzog Heinrichs Ableben die Erbhuldigung der Stadträte entgegen, die ihn als ihren neuen Landesherrn begrüßten. Allerdings gab es einige herzogliche Räte, die mit seinem Herrschaftsanspruch nicht einverstanden waren. Herzog Heinrich hatte nämlich während seines Krankenlagers den Einflüsterungen seines engsten Vertrauten, Anton von Schönberg, nachgegeben und sein Testament zugunsten einer Landesteilung zwischen seinen Söhnen Moritz und August geändert. Moritz bekam von der Sache rechtzeitig Wind. Er dachte nicht daran, das Land weiter zu zerstückeln. Für ihn galt die »Großväterliche Ordnung« Herzog Albrechts des Beherzten. Diese bestimmte, daß die Landesregierung an den jeweils ältesten Sohn überzugehen habe, der Jüngere mit einigen Schlössern, Städten und Nutzungen abzufinden sei.

Trotzdem hatte das großväterliche Testament einen Pferdefuß. Es stellte die Erbfolge der Primoge-

Kurfürst Moritz von Sachsen, 1521-1553.

nitur auf den Kopf, denn auch für den Fall, daß Moritz Söhne geboren würden, müßte ihm sein Bruder August in der Regierung folgen. Nach diesem regierte dann wieder der jeweils älteste männliche Albertiner. Dieser dauernde Wechsel in der Landesregierung sollte einer Zersplitterung in eine Vielzahl kleinerer Teilfürstentümer vorbeugen und das Gesamthaus zusammenhalten.

Moritz erklärte sich mit dieser Erbfolgeordnung vorerst einverstanden. Für ihn war es das Wichtigste, daß es ihm auf dem Landtag Anfang September 1541 in Leipzig gelang, die Ausschußmitglieder für die Rechtsauffassung des großväterlichen Testaments zu gewinnen. An die Nachfolge seiner Söhne brauchte er noch nicht zu denken. Er war regierender Herzog zu Sachsen, und einer Landesteilung zwischen ihm und dem minderjährigen Bruder war wirksam vorgebeugt. Mit seinen fünfzehn Jahren schien dieser ohnehin noch nicht in der Lage, einem Gemeinwesen vorzustehen. August fühlte sich in Kost und Logis am Hofe Moritz' durchaus wohl. Moritz ermöglichte ihm einen längeren Aufenthalt am Kaiserhof zu Wien und suchte auf alle Art freundschaftlichen Entgegenkommens, August von dem Wunsch, Einsicht in das zu seinen Gunsten geänderte väterliche Testament zu nehmen, abzulenken.

Bald tauchten Pläne auf, den Bruder mit dem säkularisierten, reichen Erzbistum Magdeburg oder auch mit Halberstadt auszustatten. Beides sicherte ihm eine angemessene finanzielle Basis.

Als Herzog August sein 18. Lebensjahr erreichte und »kurmündig« war, trat er von sich aus mit finanziellen Forderungen an seinen Bruder heran. Moritz zeigte sich überaus entgegenkommend. In einer »brüderlichen Sonderung« war er bereit, August weit mehr zuzugestehen, als er nach Recht und Gesetz verpflichtet war. August erhielt umfangreiche Gebiete ehemaliger Thüringer Klöster sowie die Städte und Ämter Freiburg/Unstrut, Sangershausen, Weißensee,

Sachsenburg, Laucha und Kindelbrück. Moritz setzte ihm ein jährliches Einkommen von 25.000 Gulden aus. Für den Fall, daß die Einkünfte aus den überlassenen Orten geringer ausfielen als erwartet, war Moritz bereit, die Differenz auszugleichen. August konnte mit seinem Besitz zufrieden sein. Wenn er auch kein unabhängiger Territorialherr war, besaß er weit mehr, als seinem Vater, Herzog Heinrich dem Frommen, je zur Verfügung stand.

Mitte Mai 1544 wählte das Domkapitel Merseburg August zum Stifts-Administrator. Der Achtzehnjährige begann Hof zu halten – und Schulden zu machen! Es dauerte nicht lange, bis aus Dresden erste Briefe von Moritz einliefen, in denen er dem Bruder Vorhaltungen über dessen viel zu umfangreichen Hofstaat, dessen Zuviel an Dienerschaft und den überdimensionierten Marstall machte. Moritz fand, daß der Bruder, da er doch ohne eigene Regierungsverantwortung sei, seinen Haushalt soweit überblicken müßte, um ohne Schulden leben zu können. »Dann es um Fürstenschulden«, fügte er hinzu, »also gelegnen, daß dadurch bei den Gläubigern und Unterthanen die Reputation gemindert und die fürstlichen Personen in Verachtung geführt werden.«

Die mahnenden Worte des Bruders verhallten ungehört. August lebte weiter über seine Verhältnisse und mußte ein Jahr später seine eigene Hofhaltung aufgeben. In einem Vertrag einigten sich die Brüder über die Bedingungen der Rückkehr Augusts an den Dresdner Hof. Moritz überließ ihm im November 1545 das Schönburgsche Haus und ein Zimmer im

Schloß »mit Bettgewand, Heizung und Licht«. Er übernahm die Kosten für das Mittagsmahl von Augusts Edelleuten und seinem Gesinde sowie einer jährlichen Lieferung an Pferdefutter, Wein, Bier, Heu, Holz und »Lundischem Tuch«. August verpflichtete sich seinerseits, den Anordnungen des Bruders zu folgen. Für Moritz rückten jetzt außenpolitische Ziele in den Vordergrund. Während er im Ergebnis des Schmalkaldischen Krieges den Albertinern die Kurwürde erwarb, betraute er August mit der Verwaltung des (Noch)Herzogtums Sachsen. Die »besondere Landesverwaltung« Augusts verlief für diesen ebenso unerfreulich wie sein gescheiterter Versuch einer eigenen Hofhaltung. August war von seinem späteren Ruf eines exzellenten Volkswirts weiter entfernt denn je. Er zeigte sich darum hocherfreut, als ihn Moritz von dieser schwierigen Aufgabe entband. Um auch den letzten Rest eigener Verantwortung abwerfen zu können, bat er Moritz, die ihm überwiesenen thüringischen Landesteile zurückzunehmen, und ihn zu apanagieren. Für den Fall einer späteren Eheschließung wäre er mit 30.000 Gulden für sich und seine Gemahlin zufrieden. Allerdings, so schlau war August denn doch, sollte dieser Vertrag nur auf zwei Jahre befristet werden. Dabei legte August großen Wert darauf, daß die Erbfolgebestimmungen der »Großväterlichen Ordnung« zum Hauptinhalt des Schriftstückes wurden. Er und kein anderer wollte Moritz in der Kurwürde folgen, selbst wenn dieser eines Tages eine noch so stattliche Zahl Söhne hinterlassen sollte. Er, August, würde diese dann ebenso großzügig ausstatten, wie dies der Bruder mit ihm tat. Doch schon nach einem Jahr trat der Herzog erneut mit finanziellen Wünschen an Moritz heran. Er trug sich mit der Absicht zu heiraten – und der Kurfürst legte noch einmal 10.000 Gulden dazu.

Im Hochgefühl des Erreichten trat August seine Reise nach Dänemark an. Am Hofe Christians III. beeindruckte der junge Sachsenherzog durch seine Gewandtheit beim Turnier, so daß die sechzehnjährige Prinzessin Anna sicher nicht nur einmal vor Freude laut aufjubelte, als August seine Gegner aus dem Sattel hob. Am 7. März 1548 erhielt er denn auch ihre Hand »zugesagt und vertrauet«, und ein halbes Jahr später fand in Torgau die Hochzeit statt.

Die Eheschließung mit einer Königstochter stärkte Augusts Selbstbewußtsein ungemein, konnte doch der Bruder längst nicht mit einer solch guten Partie aufwarten. August stellte Forderungen. Diesmal war es das stattliche Altenburg, das ihm ins Auge stach. Es war eines der einträglichsten und begehrtesten Ämter – und Moritz, sonst im Verhandeln mit den Ernestinern beinhart, akzeptierte!

Schon zwei Wochen nach der Torgauer Hochzeit zog August in Altenburg ein. Zur Residenz wählte er Weißenfels. Moritz schoß zum Ausbau der Neuen Augustusburg 20.000 Gulden zu, aber August saß finanziell bald wieder in der Klemme. Die Königstochter an seiner Seite veranlaßte ihn zu einer königlichen Hofhaltung, die seine Mittel weit überforderte. Seine Räte beklagten sich über die »leichtfertige Verschreibung ... der Aemter, Klöster und Vorwerke und von den Kosten und dem Unrath, in welchen S. F. Gn. allbereit allenthalben zum allerhöchsten verteuft und beladen seien«. In Augusts Kasse herrschte arge Ebbe. Dies ließ die Leipziger Handelsherren bedenklich die Köpfe wiegen, wenn sie mit ihren Forderungen abgewiesen wurden. Und August, statt sich zu bescheiden, dachte darüber nach, ob ihn der Bruder in Dresden vielleicht doch übervorteilt haben könnte   …

Es grämte ihn schon lange, daß Moritz sich weigerte, ihm das wildreiche Amt Wolkenstein zu überlassen. Statt in diesem herrlichen Revier, wo einst sein Vater auf die Pirsch ging, jagen zu können, mußte er sich in seinem Schwarzenberger Amt ständig von den Böhmen Vorschriften machen lassen. August war überzeugt, dem Bruder einmal die Meinung sagen zu müssen!

Es war Moritz, der nachgab! Nach längeren Verhandlungen, in der eine von beiden Seiten eingesetzte Kommission bemüht war, alle Mißhelligkeiten zwischen den Brüdern auszuräumen, meinte August: »Er wolle dem Bruder dienen wie ein Unterthan oder Knecht und ihm zu Wolkenstein wohl so viel nutz sein wie sein eigner Förster«, aber auf die Zuweisung des Amtes müsse er bestehen, »denn sein Bruder könne bedenken, daß er auch ein Fürst zu Sachsen wäre, der da alle Lust zu Jagd hätte … Nun säße er hier zu Weißenfels wie in einem Thurm und hätte nicht einen Garten, darin er sich erlustigen könnte. So könne er auch keinem Hasen in dem großen Getraite nachreiten, darum Moritz bedenken möge, was für Lust oder Freude da für ihn zu finden. Er habe eine Königin zur Gemahlin, nun wisse er dieselbe in dieser Gestalt nimmer auf eine Jagd zu führen oder ihr einige Lust zu bestellen.« – Und noch etwas verlangte August plötzlich: Die Einsichtnahme in das väterliche Testament.

Während Moritz in Prag mit König Ferdinand von Böhmen verhandelte und dabei auch die Schwarzenberger Jagdangelegenheiten zur Sprache brachte, liefen von August eine Vielzahl weiterer Beschwerden ein, die angefangen von einer vermeintlichen Benachteiligung über die Unmöglichkeit einer ordentlichen Hofhaltung und ungenügender Jagd bis zu jenem brisanten Dokument Herzog Heinrichs reichten. Wieder bewies Moritz dem Bruder Entgegenkommen. Das väterliche Testament aber, so wurde dem Sekretär Augusts versichert, sei unauffind-

Schloß Wolkenstein im Erzgebirge.

bar. Selbst der Kurfürst wisse nichts davon. Jetzt geriet der schon bei wesentlich nichtigeren Anlässen erregbare August erst richtig in Rage. Er drohte Moritz mit der Aufkündigung sämtlicher Verträge, ja, er spielte schon mit dem Gedanken, den Einflüsterungen einiger Kriegsleute Folge zu leisten und die Waffen gegen Moritz zu erheben, um so eine Erbteilung des Kurfürstentums zu erzwingen. Zum Glück verrauchte sein Jähzorn so schnell wie er aufkam. Bald nahm der Briefwechsel zwischen den Brüdern eine versöhnliche Tonart an. Die große Politik verlangte in diesen Tagen Moritz' ganze Aufmerksamkeit. Sein Kampf gegen Kaiser Karl V. erforderte einen freien Rücken. Ein unberechenbarer Bruder im Hintergrund war für ihn ein nicht zu kalkulierendes Risiko. August sah bald ein, wie eng sein Schicksal mit dem Moritz' verbunden war. Dessen Niederlage bedeutete zwangsläufig den Verlust der soeben erworbenen Kurwürde, zur besonderen Freude der Ernestinischen Verwandtschaft.

Obwohl es eigentlich nur um Wolkenstein und die Jagd ging und sich die beiderseitigen Räte redlich um Ausgleich bemühten, weigerte sich August, die ausgestreckte Hand Moritz' zu ergreifen. Im Februar 1550 lenkte August endlich ein. »Auf unseres geliebten Bruders des Churfürsten persönliche Bitte ... haben wir uns auf die Fastnacht zu S. L. gegen Dresden begeben. Allda wir die Zeit mit ihm in Fröhlichkeit, mit allerlei gutem geschehenen Rennen und Anderem vollbracht ... und haben S. L. uns Wolkenstein, da wir auch allweg begehrt, und gar gute Jagden und Herrlichkeiten übergeben, daß wir auch also mit S. L. brüderlich wohl zurfrieden sein …«

August erhielt in Dresden auch Einblick in das Testament Heinrichs des Frommen, das man vor seinen Augen eröffnete. Im Beisein der Räte wurde festgestellt, daß es der »Großväterlichen Ordnung« nicht zuwiderlief. Wenn August noch Resentiments oder Zweifel an der Aufrichtigkeit Moritz' hatte, wurden diese durch die Bekräftigung ihrer geschlossenen Verträge ausgeräumt. Der Herzog erschien wieder als Freund und Vertrauter des Kurfürsten, und als Moritz 1552 gegen den spanischen Habsburger ins Feld zog, wußte er August als Verbündeten an seiner Seite.

Im Frühjahr 1542 durfte August seinen Bruder zum Reichstag nach Speyer begleiten. Für ihn war es die erste große Reise, war er doch mit seinen knapp 16 Jahren nicht über Freiberg und Leipzig hinausgekommen, während Moritz schon frühzeitig die benachbarten Fürstenhöfe kennenlernte. Im glanzvollen Dresden der Renaissance beim bärtigen Onkel Georg oder im gelehrten Wittenberg an der Tafel des Kurfürsten gewann der frühreife tatendurstige Moritz Einsichten in politische und religiöse Dinge, die für sein Alter recht ungewöhnlich waren. Anders August. Er genoß als jüngster der drei Söhne Heinrichs des Frommen die ganze Liebe seiner Mutter Katharina. Sie war es auch, die darauf drang, daß August die Leipziger Universität besuchte, während man Moritz nur Lesen und Schreiben beibrachte. August hätte sich die legere Ausbildung des Bruders ganz sicher vorgezogen. Er stöhnte noch in späteren Jahren, daß er eine Tonne Goldes dafür gäbe, wenn alle lateinischen Worte in der ersten Deklination auf »a« zu konjugieren gingen. Zum Glück brauchte er sich mit solchen Problemen auf der Reise nach Speyer nicht weiter zu belasten.

Für August war der Besuch des Reichstages ein großes Erlebnis. Normalerweise führten in Speyer die Gesandten das Wort. Diesmal kamen die Fürsten persönlich, um über die Fortsetzung des Türkenkrieges zu beraten. Sogar Kaiser Karl V. war da. Kurfürst Johann Friedrich der Großmütige ritt ein und Moritz' Schwiegervater Philipp von Hessen. Auch König Ferdinand von Böhmen erschien mit einem glänzenden Gefolge. Moritz beschloß, diese geballte Habsburgische Präsenz doppelt zu nutzen. Die Reichsstände billigten dem Kaiser eine bedeutende Unterstützung gegen die nach Ungarn vordringenden Türken zu. Er erbot sich, an der Spitze seines Kontingents persönlich am Krieg teilzunehmen. König Ferdinand konnte daher Moritz' Bitte, den Bruder an seinen Hof zu nehmen, um ihn »zu fürstlichen Sitten und Tugenden weisen zu lassen«, nicht gut abschlagen. Am 5. Juni 1542 brach man mit einem Teil der Truppen nach Wien auf. Hier versammelten sich die kaiserlichen Heere. Moritz zog bald darauf mit ihnen in die weiten Ebenen Ungarns. August trat seinen Hofdienst an.

Die kaiserlichen Truppen bekleckerten sich in diesem Feldzug nicht gerade mit Ruhm. Der Spott der Wiener war bald überall zu hören. August schrieb dem Bruder, er möge sich aus dieser undankbaren Aktion baldmöglichst zurückziehen, da er dem eigenen Land nützlicher sein könne als den Ungarn. Er selbst war über seinen Aufenthalt in der Donaumetropole ebenfalls nicht glücklich. »Er habe«, so schrieb er Moritz, »wiß es Gott, an diesem Hofe keine Lust zu bleiben, er sehe dort nicht viel mehr denn daheim und finde auch, daß man seiner schon satt sei wegen der Religion.«

Der protestantische Sachsenherzog hatte am katholischen Habsburger Hof keinen leichten Stand! Wäre da nicht der älteste Sohn des Königs, Erzherzog Maximilian, gewesen, kehrte er lieber heute als morgen nach Dresden zurück. Die beiden jungen Männer schlossen bald enge Freundschaft. Für den ein Jahr jüngeren Maximilian war August eine Art seelischer Halt, denn der Erzherzog galt als »heimlicher Protestant im Hause Habsburg«. Die Ausschließlichkeit der katholischen Lehre lernte er am spanischen Hof seines Onkels, Kaiser Karls V., kennen. Sie stieß ihn geradezu ab. Um so höher hielt Maximilian seine ehemaligen böhmischen Erzieher, die ihm das

Kaiser Maximilian II.

Verständnis für die neue Lehre beibrachten. Maximilians Opposition gegen das Establishment entzündete sich besonders an den Bräuchen des Fronleichnamsfestes. Einem päpstlichen Nuntius, der ihm darüber Vorhaltungen machte, antwortete er: »Ich bin weder Katholik noch Protestant, sondern ein Christ.«

Trotz dieses persönlich guten Verhältnisses zum Erzherzog drang August immer öfter in Moritz, seine Abreise aus Wien zu bewirken. Am meisten ärgerte es ihn, daß König Ferdinand sein Hoflager von Wien nach Prag verlegte, und August die Kosten für seine Begleitung selbst tragen mußte. Moritz hatte bald ein Einsehen mit dem Bruder. Im Dezember 1544 kehrte er nach Dresden zurück.

Die einmal begründete Freundschaft zwischen August und Maximilian sollte für Sachsen reiche Zinsen tragen, auch wenn er momentan über die hohen Kosten seines Wiener Aufenthaltes klagte. Das gute Verhältnis zum späteren Kaiser Maximilian II. brachte August ohne Einsatz kriegerischer Mittel den dauernden Besitz des Vogtlandes ein.

Am 11. Juli 1553 erlag Kurfürst Moritz von Sachsen seiner tödlichen Verletzung, die er in der Schlacht von Sievershausen empfangen hatte. Der größte Staatsmann seiner Zeit war nur 32 Jahre alt geworden.

Nach der »Großväterlichen Ordnung« war die Reihe jetzt an August. Würde er das Erbe des Bruders erhalten können? Sechs Jahre waren vergangen, seit die Kurwürde mit beträchtlichen Teilen Ernestinischen Landes den Albertinern zugefallen war. Zugefallen als Lohn einer Politik, die die internationalen Gegebenheiten mit machiavellistischem Spürsinn zugunsten Sachsens nutzte und im übrigen Reich auf Unverständnis, Neid und Mißgunst stieß.

August empfing die Nachricht vom Tod des Bruders in Dänemark. Unverzüglich begab er sich auf die Heimreise. Seine Anwesenheit in Kursachsen erwies sich bald als bitter nötig, denn Unsicherheit über den künftigen Status des Landes griff ringsum Platz. Schon packten der Bürgermeister und der Stadtschreiber von Wittenberg die Steuergroschen wieder ein, die sie gerade in Leipzig abliefern wollten. Trotz aller Aufforderung, ihren Obulus zu entrichten, traten sie die Heimreise an, fest entschlossen, das Geld ihrem »geborenen Kurfürsten« Johann Friedrich auszuhändigen. In den Amtsstuben von Dresden und Weißenfels begann eine fieberhafte Tätigkeit zur Aufrechterhaltung von Ordnung und Sicherheit im Land.

Am 20. August 1553 trat in Leipzig der erste Landtag zusammen. Für August war es wichtig, während der Ständeversammlung die Erbhuldigung der Ritterschaft zu erlangen. Erst wenn diese erfolgte, war er der uneingeschränkte Landesherr.

Der neue Kurfürst mußte mit seinen Ständen einige Probleme lösen. Da war zunächst die äußere Bedrohung des Kurstaates durch den Markgrafen Albrecht Alcibiades von Brandenburg-Kulmbach, dessen Niederwerfung Moritz mit seinem Leben bezahlte.

Als nicht minder wichtig erwies es sich, ein wachsames Auge auf die Ereignisse am Weimarer bzw. Gothaer Hof zu werfen, denn daß der »geborene Kurfürst« Johann Friedrich die Zeit nicht ungenutzt verstreichen lassen würde, seine Ansprüche auf den Kurhut zu erneuern, war selbst dem letzten Schreiber in den Dresdner Amtsstuben klar. August erfuhr aus gut unterrichteter Quelle, daß Johann Friedrich eine Gesandtschaft nach Brüssel abgefertigt hatte, um bei Karl V. auf eine Rückübertragung der Kurwürde zu dringen.

Mochte es der Dicke nur versuchen. Man hatte schließlich auch seine guten Verbindungen zu den Habsburgern, und wenn Karl V. bei Johann Friedrich vielleicht die Wahlunterstützung für seinen finsteren Sohn Philipp zum deutschen Kaiser ins Spiel bringen

Johann Friedrich der Großmütige, 1503-1554.

sollte, würde man bei König Ferdinand in Wien die
beste Gegenwirkung samt Unterstützung für die eigene Sache finden. Der Rest war Diplomatie.

Was August wirklich in Harnisch brachte, war Johann Friedrichs Unverfrorenheit, ihm den Kurfür-
stentitel zu verweigern.

Die Ernestinische Gesandtschaft besuchte auf ihrer Reise nach Brüssel verschiedene deutsche Fürstenhöfe. Bald mußte sie einsehen, daß die Stimmung
für Johann Friedrich weitaus ungünstiger war als an-
genommen. Das Gesuch um den verlorenen Kurhut
assoziierte sogleich den Verdacht einer Verquickung
mit der Nachfolge Don Philipps – und einen »Hispa-

nier« wollte man wegen des sächsischen Familienstreits ganz bestimmt nicht noch einmal zum deutschen Kaiser.

Auch August, dessen Zorn über Johann Friedrichs Brüskierung langsam verflog, zeigte sich einer Vermittlung nicht mehr abgeneigt. Auf das Wort seines Schwiegervaters, König Christian III., gab er viel. Die Ratschläge des Dänenkönigs, August solle bei allem Festhalten an seinem Recht einen Modus vivendi mit den Ernestinern finden, um seinem Land den Frieden zu erhalten, fielen auf fruchtbaren Boden. Während die »getreuen Stände« in Leipzig tagten, schickte Johann Friedrich eine Gesandtschaft nach Sachsen. Die fürstliche traf sich mit August im zwei Meilen von der Messestadt entfernten Pegau, die ständische, 40 Reiter stark, zog direkt nach Leipzig. Die Abordnung machte die Sache Johann Friedrichs eher schlimmer denn besser. Die »getreuen Stände« waren überzeugt, daß es mit den Ernestinern sowieso bloß wieder Ärger gäbe. Sie verweigerten ihnen kurzerhand den Zutritt zur Stadt. Erst nach dreitägigem Warten vor den Toren, nachdem die Kunde einlief, daß August die Gesandten Johann Friedrichs angehört und abgefertigt hatte, durften sie vor der kursächsischen Landschaft ihre Vermittlungsvorschläge vortragen. Die Sachsen staunten nicht schlecht, als man ihnen die Frage vorlegte, »warumb unser gnediger herr Herzog Johanns Fridrich nunmehr nach Hertzog Moritzen apsterben weniger vorpflicht sein sollte, die assecuration zu volnzihen und die capitulation zu halten dann zuvorn.« Dies war den kompromißbereiten Räten Augusts doch zuviel. In kühler Sachlichkeit wiesen sie die mit versteckten Drohungen gespickten Vorstöße Johann Friedrichs zurück. Augusts Wunsch nach einer gütlichen Regelung trug man dennoch Rechnung, indem man darauf hinwies, daß »zum Teil mit hitziger und nachdenklicher Einführung« klargestellt wurde, »wie es jetzt um die Personen im Hause zu Sachsen beschaffen.«

Mit den dürren Ergebnissen der westdeutschen Fürstenhöfe im Reisegepäck langte die Ernestinische Gesandtschaft am Kaiserhof zu Brüssel an. Sie erhielt bald Gelegenheit, Karl V. ihre Wünsche zu offerieren. Findige Juristen am Weimarer Hof waren der Ansicht, daß Moritz' Krieg gegen den spanischen Habsburger für diesen ein triftiger Grund sein sollte, die Kurwürde an die Ernestiner zurückzugeben. Außerdem bezweifelten sie, daß August im Lehensbrief Moritz' überhaupt erwähnt sei. Die freundliche Aufnahme am Kaiserhof bestärkte die Gesandten in der Zuversicht, ihre Mission zum gewünschten Ziel zu führen. Die Ernüchterung ließ nicht lange auf sich warten. Karl V. teilte durch den Bischof von Arras mit, daß er dem Verlangen Johann Friedrichs nicht entsprechen könne. Im Passauer Vertrag sei seine Auseinandersetzung mit Moritz geregelt worden, und August habe sich ihm gegenüber nie etwas zu Schulden kommen lassen.

Karls Absage hatte noch einen anderen Grund: Seit ihn Moritz im Mai 1552 über den Brenner jagte, war er ein gebrochener alter Mann. Am Ende seines Lebens wollte er sein Haus bestellen. Wie er Johann

Friedrich ursprünglich Teile des Kurstaates beließ, um auf Moritz Druck ausüben zu können, lag ihm jetzt an einem Reichskrieg wegen des schief hängenden sächsischen Hausfriedens gar nichts. In einer geheimen Unterredung wurde den Gesandten Johann Friedrichs geradezu eingeschärft, ihr Herr solle sich aller gewaltsamen Schritte zur Wiedererlangung seines vermeintlichen Rechts enthalten. So blieb Johann Friedrichs Gesandten nur der fromme Wunsch, daß »Gott ihn (August) beiseite tun würde wie den Bruder«.

Kaiser Karl V., 1500-1558.

Die beiden sächsischen Linien mußten sich ohne den Kaiser zusammenraufen. Am 24. Februar 1554 kamen ihre Vertreter in Naumburg zusammen. Nach zähen Verhandlungen einigte man sich darauf, daß August die kursächsischen Ämter Altenburg, Eisenberg, Sachsenburg und Herbisleben abtrat. Außerdem zahlte er eine Entschädigungssumme von 100.000 Gulden.

Wirkliche Freunde sind die beiden sächsischen Linien nie wieder geworden, denn den Verlust der Kurwürde verschmerzten die Ernestiner über die Jahrhunderte nicht. Ihre politischen Sympathien waren eher propreußisch denn sächsisch, selbst als sie im 19. Jahrhundert die europäischen Königsthrone eroberten.

KURFÜRST AUGUST
UND WILHELM VON ORANIEN

Herbstnebel stieg aus den Tälern der Sierra de Gredos, jenes waldreichen Mittelgebirges, das Neu- und Altkastilien voneinander trennte. Aus dem Kloster der Hieronymuten-Mönche klang die Totenglocke dumpf in den anbrechenden Tag. Im dämmrigen Dunkel des Chores murmelte der Prior von San Yuste die Totengebete. Der Trauergesang der Bruderschaft untermalte monoton das VADITE IN PACE des Geistlichen.

In der Nacht dieses 21. Septembers 1558 war Kaiser Karl V. gestorben. Er, der so oft in seinem Leben Kriege geführt hatte – gegen Frankreich, den Schmalkaldischen Bund, gegen Moritz von Sachsen – , schlummerte ganz friedlich in seinem Bett in die Ewigkeit hinüber. Zu seinen Häupten stand der Bischof von Toledo, die Totenwache haltend, im Gebet versunken. Aus den Zügen des Kaisers war jede Anspannung, jeder Schmerz seines gichtgeplagten Körpers gewichen. Seine Hände hielten ein Kruzifix und eine geweihte Kerze. Es schien, als lauschte er den Gesängen der Mönche, die vor dem Hochaltar knieten, auf welchen er von seinem Bett aus durch eine Öffnung in der an das Kloster angebauten Rückwand seines »Palacios« so gern geblickt hatte.

Der Tote in der spanischen Sierra war von der Geschichte schon lange überholt. Seit Kaiser Karl V. am 25. Oktober 1555 im Ständesaal des Brüsseler Schlosses seine Abdankung bekanntgegeben hatte, richteten sich die Augen der Vertreter des Heiligen Römischen Reiches auf die deutschen Habsburger in Wien. Ernst und wie üblich schwarz gekleidet, das Goldene Vlies auf der Brust, betrat der Kaiser damals den Saal. Ein Gefolge spanischer Granden sowie niederländischer Würdenträger begleitete ihn. Auch sein Sohn Philipp und Wilhelm von Oranien befanden sich unter ihnen.

Ein Mitglied des Staatsrates verlas die kurzgehaltene Abdankungsurkunde. Dann ergriff der Kaiser selbst das Wort. Nach einem Rückblick auf sein Leben schloß er mit den Worten: »In der Regierung, ja, das gesteh' ich, habe ich oft geirrt, aus Mangel an Erfahrung, aus übermäßiger Vertrauensseligkeit, manchmal aus brennendem Wagemut, aber niemals in der Absicht jemanden zu verletzen. Sollte ich es dennoch getan haben, so bitte ich alle, die es betrifft, um Vergebung.« Dann versagte ihm die Stimme. »Verzeiht,« wandte er sich an die Umstehenden, »wenn mir altem Mann die Tränen kommen.«

Sein Nachfolger in Spanien und in den Niederlanden hieß von nun an Philipp II.!

Wenige Monate vor seinem Tod sandte Karl V. den niederländischen Prinzen Wilhelm von Oranien zum Kurfürstentag nach Frankfurt. Er sollte den versammelten Landesherren die Wahl von Karls Bruder Ferdinand von Böhmen zum Nachfolger im deutschen Reich empfehlen. Oranien übernahm die Rolle des

Wahlbotschafters sehr gern, entstammte er selbst einem deutschen Fürstenhaus. Mit der kaiserlichen Empfehlung in der Tasche konnte er auf dem Kurfürstentag viele persönliche Kontakte knüpfen, die ihm später einmal nützlich sein würden. Die Gelegenheit fand sich bald in der Begegnung mit dem sächsischen Kurfürsten. August und Wilhelm mochten sich von Anfang an sympathisch gewesen sein, denn wenige Monate nach ihrem Kennenlernen begannen die Verhandlungen um die Heirat des Oraniers mit Prinzessin Anna von Sachsen, der Nichte des Kurfürsten. Für Oranien waren es rein dynastische Gründe, die ihn zur Bewerbung um Annas Hand bewogen. Er hielt nach dem Tod seiner ersten Gemahlin nach einer neuen Verbindung Ausschau. Der Familienanschluß an das neben den Habsburgern bedeutendste deutsche Fürstenhaus konnte ungeahnte Perspektiven eröffnen. Anna war, wenn auch von der Natur recht stiefmütterlich behandelt, immerhin die Tochter des großen Moritz, des Gegenspielers Kaiser Karls V.

Beim sächsischen Kurfürstenpaar fand Oraniens Brautwerbung schnell Gehör. 1561 wurde in Leipzig Hochzeit gefeiert. Bald entspann sich zwischen August und Oranien ein intensiver Briefwechsel, der alle Tagesfragen der europäischen Politik umfaßte. Oranien hatte inzwischen in den Niederlanden Karriere gemacht und war von Philipp II. zum Mitglied des Staatsrates erhoben wurden. Er war Ritter des Goldenen Vlieses, Statthalter von Holland, Seeland und Utrecht. Aufgrund seiner Position dazu verpflichtet, die Politik der immer drückender werdenden spanischen Gewaltherrschaft durchzusetzen, suchte er bald Unterstützung bei August, da diese Politik für ihn mehr und mehr zur Gewissensfrage wurde. Noch ging es nur um überzogene Steuerforderungen, doch bald begannen die Scheiterhaufen zu lodern. Seitens der protestantischen Höfe war man geneigt, Oranien zu unterstützen. Wie intensiv diese Hilfe ausfallen würde, hing einzig und allein von Kurfürst August ab. Dieser brachte das Thema auf dem Reichstag zu Augsburg 1566 auch zur Sprache. Gleichzeitig suchte er seinen Freund, Kaiser Maximilian II., für die Sache Oraniens zu gewinnen. Anfangs schwankte der Kaiser zwischen seiner proevangelischen Neigung und den politischen Interessen der Habsburger Universalmonarchie, denn man verhandelte zwischen Madrid und Wien gerade über eine Ehe des spanischen Infanten Don Carlos mit einer Tochter Maximilians. Den sächsischen Kurfürsten wollte man aber noch viel weniger vor den Kopf stoßen. Maximilian II. schätzte die Friedensliebe des Kurfürsten samt seiner Vermittlungsbereitschaft zwischen Katholiken und Protestanten. So zog er es vor, eher einen Konflikt mit Philipp denn mit August zu riskieren.

Im Sommer 1566 erreichten die Ereignisse in den Niederlanden einen neuen Höhepunkt. Bilderstürmer zogen durch die Klöster und Kirchen Antwerpens sowie anderer Städte. Sie hinterließen ein Bild der Verwüstung. Um Oraniens Sache stand es bedenklich schlecht. Kurfürst August sah in den Bilderstürmern in erster Linie Empörer gegen die Obrigkeit,

Wilhelm von Oranien, 1533-1584.

ganz gleich, welcher Konfession diese angehören.
Vorsicht schien ihm geboten. Selbst als aus Spanien
ein starkes Herr unter Herzog Alba anrückte, trat er
nicht aus seiner Reserve heraus. Die Gefangennah-
me und die spätere Hinrichtung der Grafen Egmont
und Hoorn, die selbst unter den katholischen Fürsten des Reiches große Empörung auslöste, zwang
August dann doch zu einer politischen Entscheidung
für oder gegen Oranien und den Kampf der Niederländer. Er wandte sich erneut an seinen Freund Maximilian mit der Bitte um Vermittlung. Dieser schickte
nacheinander mehrere Gesandte nach Spanien, allerdings ohne den erhofften Erfolg, denn Philipp II.

verbat sich jede Einmischung in seine Angelegenheiten.

In den Niederlanden rüstete Oranien zum bewaffneten Aufstand gegen Herzog Alba. August, der Maximilian gebeten hatte, den Prinzen vor Gewaltmaßnahmen zurückzuhalten, drohte, sich zwischen alle Stühle zu setzen. Vorsichtig, wie es seine Art war, ließ er Oranien gewähren – und ergriff damit indirekt dessen Partei. Oraniens diplomatisches Spiel mit seinem kursächsischen Onkel mündete immer mehr in ein »Mitgefangen – mitgehangen!«. Je mehr er ihn in seine Pläne einweihte, desto mehr sah sich August gezwungen, Farbe zu bekennen und den Prinzen zu unterstützen. Nach langem Zögern erklärte sich August zu einer Subsidienzahlung von 100.000 Gulden bereit, die der sparsame Kurfürst jedoch nur als Darlehen verstanden wissen wollte. Seine, als auch die Mittel anderer deutscher Fürsten reichten nicht, um genügend Kriegsvolk für einen erfolgreichen Kampf gegen Alba aufzustellen. Der Herzog schlug die Niederländer ohne große Mühe. Da erhielt Oranien in der Person Christophs von Carlowitz ungeahnte Hilfe. Carlowitz war noch aus der Schule Kurfürst Moritz' hervorgegangen und hatte für das hinhaltende Taktieren Augusts kein Verständnis. So wie er mit Moritz gegen Kaiser Karl V. gezogen war, so müsse man die Spanier aus den Niederlanden hinauswerfen. Es sei »vor ain gemein werk der ganzen deutschen nation zu achten, durch churfursten, fursten und stende nach eines jeden vermugen alle mögliche hülfe, furschub und furderung beschehen«, riet er. Seine Worte verfehlten ihre Wirkung auf August nicht. Endlich ergriff er für Oranien offen Partei. Die sächsischen Gesandten wurden erneut in Wien vorstellig, und Maximilian II., mit dem Rückenhalt des sächsischen und des brandenburgischen Kurfürsten, der Fürsten und evangelischen Stände, drohte Philipp II. mit dem Reichskrieg, falls dieser seine niederländische Politik nicht änderte. Es war beinahe ein Ultimatum! Philipp und Alba reagierten wütend. Ihrer Meinung nach stellte sie Maximilian mit den aufrührerischen Untertanen auf eine Stufe. Ihre Bereitwilligkeit zu Verhandlungen war gleich Null. Als Oranien seinen Feldzug begann, verweigerten die Städte die gewünschte Hilfe. Alba vermied den offenen Kampf. Er ermüdete den Gegner durch taktische Manöver so lange, bis dieser aufgab. Erst als die spanischen Repressalien immer unerträglicher wurden, begann im Jahre 1572 der Freiheitskampf der Niederländer.

Als August 1553 das Wettinische Erbe von seinem
Bruder Moritz übernahm, fand er neben einer be-
achtlichen Staatsverschuldung von 1,6 Millionen
Gulden – wie bereits erwähnt – eine übelwollende
Verwandtschaft vor.

Herzog Johann Friedrich II. oder der »Mittlere«,
wie man ihn auch nannte, konnte den Verlust der
Kurwürde nicht verwinden. Als junger Mann hatte
er am Schmalkaldischen Krieg teilgenommen und
war Zeuge, wie sein Vater, Johann Friedrich der Großmütige, auf dem Mühlberger Schlachtfeld gefangen-
genommen wurde. Eigentlich war der Dicke gar nicht
so großmütig, wie sein Beiname vermuten lassen sollte, denn er vererbte seinem Nachfolger außer der
Körperfülle den Haß auf Moritz und August. Der
»Dickwanst«, so nannte ihn Luther in seiner drasti-
schen Sprache, residierte nach seiner Freilassung aus
der kaiserlichen Kriegsgefangenschaft in Weimar.
Kurz vor seinem Tod gründete er die Universität zu
Jena, vielleicht als Trost für die verlorene Wittenber-
ger Residenz mit ihrer berühmten Alma mater.

Johann Friedrichs Sohn hätte sich sagen sollen, daß
Bescheidenheit und Verzicht durchaus erstrebenswer-
te Tugenden sind, die man zwar auf keiner Universität lernt, für einen entthronten Kurfürsten dennoch
der Nachahmung wert sind, besonders, wenn man

zu vertrauensselig ist und seine Kräfte überschätzt. Derjenige, der Johann Friedrich bald einen bösen Streich spielen sollte, hieß Wilhelm von Grumbach. Er war fränkischer Reichsritter und lag mit dem Fürstbischof von Würzburg seit langem im Dauerstreit. Nach Raubritterart bemächtigte er sich eines Tages der Person des Bischofs und – Unglück oder Absicht

Wilhelm von Grumbach.

– kam dieser dabei zu Tode. Grumbach floh nach Frankreich.

Ein Jahr später erschien er auf dem Reichstag zu Augsburg, um sich zu rechtfertigen. Hätte Johann Friedrich nur ein bißchen Menschenkenntnis besessen, hätte er sich sagen müssen, daß dieser Wilhelm von Grumbach kein Umgang für ihn ist. Statt dessen ernannte er einen üblen Mordbrenner zu seinem Ratgeber. Wilhelm von Grumbach machte sich bereits als »Held« während des Bauernkrieges einen Namen. Was er hier nicht lernte, brachte ihm die Raubritterschule des Markgrafen Albrecht Alcibiades von Brandenburg-Kulmbach bei.

In honigsüßen Worten säuselte er Johann Friedrich vor, daß eine Erhebung des fränkischen Adels bevorstünde, die nichts anderes zum Ziel habe, als die Wiedereinsetzung des Ernestiners in die verlorengegangene Größe. Johann Friedrich lieh den Worten Grumbachs ein offenes Ohr, denn die Absichten des Rates deckten sich mit seinen Wünschen.

Eines Tages brachte Grumbach einen Bauern angeschleppt, der den wohlklingenden Namen »Tausendschön« führte. Er gaukelte dem abergläubischen Herzog allerlei himmlische Erscheinungen vor. Bald prophezeite er den Tod des Kurfürsten August, bald den Kaiser Ferdinands. Einmal versprach er die Erschließung reicher Silberadern mit Hilfe einer Wünschelrute, dann sah sich Johann Friedrich durch den Blick in eine Glaskugel als Kurfürst und Kaiser. Täglich geriet er mehr unter den Einfluß Grumbachs und seines Helfers.

Herzog Johann Friedrich II., 1529-1595.

Am 4. Oktober 1563 überfiel der Ritter die Stadt Würzburg und erzwang die Herausgabe seiner konfiszierten Güter. Johann Friedrich hatte ihm nicht nur seinen Segen, sondern auch sein Geld für den Raubzug gegeben. Nach einer solchen Freveltat beschloß Kaiser Ferdinand, den Störenfried zur Räson zu bringen. Vier Wochen nach jenem Bubenstück traf den fränkischen Ritter die kaiserliche Acht. Grumbach hatte für das kaiserliche Strafgericht nur donnerndes Gelächter übrig, das von den Wänden der Festung Grimmenstein zurückschallte. Er wußte seinen herzoglichen Gönner auf seiner Seite. Als Kaiser Maximilian II. die Acht erneuerte und Johann Friedrich aufforderte, den Landfriedensbrecher auszuliefern, erntete er nichts als eisige Ablehnung. – Und Grumbach? Frei nach der Devise: »Ist der Ruf erst ruiniert, lebt sich's gänzlich ungeniert!«, rief er die fränkische Ritterschaft zu den Waffen!

Solcher Keckheit konnte Kaiser Maximilian II. nicht länger ungestraft zusehen. Am 13. Dezember 1566 erhielt Kurfürst August den Auftrag, die Reichsacht gegen Grumbach zu vollstrecken. Es war ausgerechnet der Heilige Abend, als sich der sächsische Kurfürst an der Spitze von 5500 Reitern und 31 Fähnlein Fußvolk gen Gotha aufmachte. Sicher hätte August Weihnachten lieber im Kreis seiner Familie zugebracht, als die aufsässige Verwandtschaft zu züchtigen. Um so größer war sein Zorn auf den Vetter.

August rechnete mit einem kurzen Kriegszug. Aber die Eingeschlossenen bewiesen mehr Standvermögen als erwartet. Aus dem »Blitzeinsatz« wurde eine lange Belagerung. Von Dezember 1566 bis April 1567 berannten seine Truppen die stark befestigte Stadt Gotha. Sie hätten wohl noch länger vor den Mauern gelegen, wenn den Eingeschlossenen nicht allmählich klar geworden wäre, daß sie so oder so den Kürzeren ziehen würden, denn weit und breit war keine Hilfe in Sicht. Weder die fränkische Ritterschaft noch die von Grumbach großspurig angekündigte französische Unterstützung traf ein. Beherzte Bürger setzten dem Schreckensregiment Grumbachs und seiner Kumpane ein Ende. Am 13. April 1567 sah sich Herzog Johann Friedrich zur Kapitulation gezwungen.

August, dem ob der erzwungenen langen Abwesenheit aus seinen kursächsischen Landen von Woche zu Woche die Zornesadern mehr geschwollen waren, hielt ein fürchterliches Strafgericht. Grumbach und des Herzogs Kanzler Brück wurden der Folter unterworfen. Der sächsische Kurfürst, Herzog Johann Wilhelm von Sachsen-Weimar und der Herzog von Holstein besaßen immerhin so starke Nerven, der von August befohlenen Tortur hinter einem Vorhang zuzusehen.

Das anschließend einberufene Gericht verurteilte die Missetäter zum Tod. Kurfürst August erklärte im Urteil, daß sie eigentlich eine »ernste Strafe« verdient hätten. Aus »angeborener Güte« wolle er sie lediglich bei lebendigem Leib vierteilen lassen. So geschah es denn auch.

Am folgenden Tag wurden Grumbach und Brück auf dem Marktplatz von Gotha durch die Hand des Scharfrichters vom Leben zum Tode befördert. Drei ihrer Genossen legten ihr Haupt auf den Richtblock. Tausendschön, der Bauer mit dem poetischen Namen, beendete sein Leben durch den Strang.

Die eigentliche Siegesbeute war Herzog Johann Friedrich selbst. Ein schwarz ausgeschlagener Wagen, von vier schwarzbehangenen Schimmeln mit rotgefärbten Mähnen gezogen, brachte den Ernestiner nach Dresden. Am 4. Juni 1567 ging es weiter nach Wien. Im Triumphzug wurde Johann Friedrich durch die Straßen der Donaumetropole gekarrt. Zu lebenslanger Haft verurteilt, starb er 1595 im Alter von 67 Jahren im Exil.

Kurfürst August aber verstand es nicht, aus der einmaligen Chance, die die Strafexpedition gegen Johann Friedrich bot, politisches Kapital zu schlagen und seinen Freund Maximilian zu einer Wiedervereinigung der sächsischen Lande zu drängen.

August war kaum vierzehn Jahre alt, als seine Eltern Ausschau nach einer passenden Braut für ihn hielten. Gut lutherisch sollte die künftige Schwiegertochter sein, dachte sich Herzogin Katharina, während sie im Geiste die Töchter der protestantischen Fürsten Revue passieren ließ.

Die Auswahl war scheinbar nicht besonders groß. Vielleicht lag es aber auch daran, daß man sich in der neu übernommenen Landesregierung einrichtete, und deshalb die erstbeste Gelegenheit beim Schopf ergriff.

Diese Gelegenheit hieß Elisabeth Magdalena, war eine Tochter des brandenburgischen Kurfürsten Joachim II. und feierte soeben ihren dritten Geburtstag.

Ob Herzog Heinrich über die praktische Umsetzung dieser Verlobung nachdachte, als er wieder einmal an der »Heinzebank« bei Marienberg rastete und seinen Blick über die herrliche Erzgebirgslandschaft schweifen ließ? Immerhin, mochte er sich sagen, war es seinem Jüngsten und der kindlichen Braut unbenommen, die »Ehestiftung belieben und ratifizieren« zu wollen, wenn die Brandenburgerin ihr 16. Lebensjahr erreichte. Herzog Heinrich beschloß, das Ganze trotzdem noch einmal zu überdenken. Vielleicht kam ihm beim Betrachten seiner berühmten Geschützsammlung eine bessere Idee. Warum sollte er

Herzog
Heinrich der Fromme.

Herzogin
Katharina von Sachsen.

sich auch immer nur dem fügen, was sich seine Gemahlin Katharina in den Kopf setzte!

Kurz nach Abschluß der brandenburgischen Verlobung überraschte Herzog Heinrich seine Gemahlin mit der frohen Kunde, er habe an seine Schwe-
ster Sibylla, die Herzogin zu Lauenburg, geschrieben,
sie möge ihm ein Porträt der Tochter des Dänenkönigs zusenden. In ihren Briefen hatte sie ihm von
ihrer hübschen und gescheiten Nichte nur das Aller-
beste berichtet. Das habe ihn neugierig gemacht.

August sei bald ein junger Mann, da könne man mit einer Ehe nicht mehr lange warten. Sonst könnte es passieren, daß er wie sein Bruder Moritz eines Tages seine eigene Wahl treffe und sie beide vor vollendete Tatsachen stellte. Außerdem sei er von Anfang an gegen die brandenburgische Verbindung gewesen.

Herzogin Katharina war sichtlich überrascht. So energisch hatte sie ihren Heinrich selten erlebt. Seinen Argumenten konnte sie sich nicht verschließen. Mochte die Schwägerin das Bild der Dänenprinzessin getrost schicken. Es verpflichtete zu nichts. Am Ende würden ihr Gemahl als auch August i h r e Entscheidung akzeptieren müssen.

Als das Porträt der Prinzessin Anna von Dänemark in Dresden eintraf, war Herzog Heinrich längst zur letzten Schicht eingefahren. Dennoch, Schwägerin Sibylla hatte nicht übertrieben! Die dänische Prinzessin war ein bildhübsches Mädchen, mit reichen blonden Locken, blauen Augen, offenen, ebenmäßigen Zügen und schlanker Figur. Königin Dorothea hatte sie außerdem in vielen nützlichen Dingen unterrichten lassen. Die künftige Schwiegertochter schien ihrer Aufgabe durchaus gewachsen, einem fürstlichen Haushalt vorzustehen. Herzogin Katharina beschloß, die Eheschließung als Vermächtnis ihres Gemahls in die Wege zu leiten. Am 11. März 1548 wurde in Colding Verlobung gefeiert. Der Sachsenprinz wollte dieser am liebsten gleich das »Beylager« folgen lassen. Aber Bruder Moritz bat ihn, seine Hochzeit zu verschieben, da er vom Reichstag zu Augsburg nicht abkömmlich sei. »Ferner aber werde es ihnen unrühmlich sein, wenn die Ausrichtung der Hochzeit nicht mit gehöriger Stattlichkeit geschehe. Es müsse daher eine Zeit unpassend erscheinen, wo das Wildpret und anderes riechend, auch das nöthige Getränk nicht zu haben sein werde.« Moritz schlug dem Bruder als neuen Hochzeitstermin den Oktober 1548 vor, wo er ihm in Torgau ein »Beylager« ausrichten wolle, wie es bei keinem Fürsten zu Sachsen stattgefunden. Und Moritz hielt, was er versprach! Aus Dänemark reiste Königin Dorothea an, und Herzogin Katharina ließ es sich nicht nehmen, obwohl »mit der Krankheit des Hustens und Schnupfens beladen«, nach Torgau zu fahren.

Zwischen Anna und ihrer Schwiegermutter entwickelte sich schnell ein herzliches Verhältnis. Katharina meinte, daß »sie sie nicht geringer als ihre eigene leibliche Tochter habe.« Es verging kein Festtag, an dem Anna die Herzogin nicht mit einem Geschenk erfreute. Ob es sich dabei um selbstgebrannten Aqua vitae, exotische Tiere oder kostbare venezianische Gläser handelte, sie begleitete die Gaben stets mit einigen freundlichen Worten, wie »wir sind der Zuversicht, weil wir zuvor dergleichen bei Ew. L. nicht gesehen, Sie werde Ihr dasselbe gefallen lassen.« Katharina revanchierte sich mit »einem schönen Ring und einem Buch«, worauf Anna versicherte: »Wir wollen den Ring von Ew. Liebden wegen behalten und tragen, auch das überschickte Buch mit Fleiß durchlesen.«

Die Herzogin konnte mit ihrer Schwiegertochter zufrieden sein. August war es auch.

»UNSER FREUNDLICHER HERZLIEBSTER HERR UND GEMAL«

Als Prinzessin Anna 1548 ihre dänische Heimat für immer verließ, um ihr Leben an der Seite des Sachsenherzogs August zu verbringen, war es durchaus nicht sicher, ob sie jemals Kurfürstin sein würde. Die »Großväterliche Ordnung« regelte dies zwar, doch wer konnte wissen, wie alt Kurfürst Moritz werden und ob ihm nicht eines Tages doch noch ein Sohn geboren würde. Moritz fiele es dann gewiß nicht schwer, die Zustimmung der geschwächten Stände zu einer Erbfolgeänderung zu erlangen. Der drittgeborene Herzog zu Sachsen war für die Königstochter aus Dänemark damit eigentlich zweite Wahl.

Welche Gedanken und Gefühle mögen Anna bewegt haben, als sie sich darüber klar wurde, daß es nach ihrer Hochzeit kein Zurück mehr gab, daß aus der königlichen Prinzessin die Gemahlin eines apanagierten Herzogs wurde, dem lediglich die Einkünfte einiger Städte und Ämter zur Verfügung standen, und dessen Kasse meist ein tiefes Loch aufwies.

Wie lange würde ein Brief von Weißenfels nach Kopenhagen dauern, wenn ihre Beziehung zu August doch nicht so gut verliefe, und sie Trost oder Rat bei ihren Eltern suchen müßte. Vielleicht bekäme sie gar Heimweh nach dem schönen Kopenhagen, nach den hellen Mittsommernächten und nach all dem, was für sie für immer unerreichbar fern lag?

Sollte Anna ähnliche Überlegungen gehegt haben, wird sie diese, wie Prinzessinnen in gleicher Situation, rasch verdrängt haben, schon um ihre Zukunft nicht mit einem bösen Omen zu belasten. Wahrscheinlich entsprang die Verbindung wirklich beiderseitiger Zuneigung. Schließlich war August ein gutaussehender junger Mann.

Ein leichtes Los war Anna in ihrer Ehe vom Schicksal dennoch nicht beschieden. August besaß ein jähzorniges Temperament, das ihn manchmal zu unüberlegten Handlungen hinriß, die er später bereute. »Sie hatte gelernt, wenn er zürnte ihn zu besänftigen, wenn er beleidigt war, ihn zu versöhnen, wenn er ein Gesuch abgeschlagen, es von ihm zu erlangen, wenn die Zeiten Geschäfte mit sich brachten, die ihn mit Sorgen beluden, ihn zu erheitern. Wenn er einmal gefehlt hatte bis zur gelegenen Zeit zu schweigen und dann rechtzeitig ihn zu erinnern«, schildert ein Zeitgenosse die kurfürstliche Ehe. Bis Anna jenes Fingerspitzengefühl im Umgang mit ihrem Gemahl entwickelte, wird manche heimliche Träne geflossen sein, denn einmal, so wird berichtet, erhob August im Jähzorn sogar die Hand gegen sie.

Trotzdem liebte Anna ihren Gemahl sehr. Ihre Unterordnung ging dabei fast bis zur Selbstverleugnung.

Die Archive enthalten nur wenige Briefwechsel zwischen der Kurfürstin und ihrem Gemahl, denn beide trennten sich so gut wie nie. Wenn Anna nicht gerade eine ihrer 15 Schwangerschaften ans Wochen-

Kurfürstin Anna, 1531-1585.

bett fesselte, war sie eine treue Begleiterin Augusts.
Ob zu den Reichstagen, beim Besuch fremder Fürsten oder den zahlreichen Hofjagden, sie kümmerte
sich bis ins Detail darum, daß August nichts abging.
1561 schrieb sie anläßlich eines Besuchs in Celle an
den dortigen Rat: »Wie wir den ganz gerne sehn wollten, das wir sampt unseren herzliebtesten Herrn und
Gemal in einer Stube bei einander einlosieret werden möchtenn, so gesinnen wir hiermit ganz gnedig
an euch, ir wollet befürdern und verordnen helffen,

das wir mit unsern Herrn eine Stube und Kammer aufm schloß zu zelle haben mochten und das Seiner Lieb nicht etwa eine sundere Stube verordnet wurde, doch das die Schlafcammer zwo Thuren haben mochte, damit wenn Jemand bei Seiner Lieb in der Stube zu handeln und zu schaffenn hett, das wir gleichwohl inn unsere Kammer und wieder herauß kommen könnten.«

Besonders während der Grumbachschen Händel wurden Annas Nerven auf eine harte Probe gestellt. Kurz nach dem Tod des Würzburger Fürstbischofs trafen besorgte Telegramme befreundeter Herrscher ein, August möge sich vor möglichen Anschlägen Herzog Johann Friedrichs des Mittleren sowie Grumbachs in Acht nehmen. Vor allem während der kurfürstlichen Hofjagden könnte August leicht Opfer eines Attentats werden. Dieser nahm dergleichen Gerüchte mit Gelassenheit. »Wir sind aber Gottlob an unserm Leib gesund und unverletzt und schmeckt uns der Wein derselben Leut halber noch wohl«, meinte er. Anna nahm sich die Warnungen weit mehr zu Herzen. Als im Frühsommer 1566 einer von Grumbachs Anhängern als Straßenräuber gefangen wurde, gab er unter der Folter bedenkliche Einzelheiten preis. Die Kurfürstin schrieb ihrer Mutter am 10. Juni 1566: »Während unserer Abwesenheit auf dem Reichstag sind etliche Straßenräuber und Verräther in Sr. L. Lande eingekommen, welche unter andern begangenen Unthaten in der Güte und peinlich öffentlich bekannt und noch gestehen, daß der Aechter Wilhelm von Grumbach und sein Anhang eine lange Zeit anhero mit den Practiken umgegangen, auch viele Leute hierzu in Eid und Bestellung gehabt, S. L. auf der Auerhahnbalz oder auf der Jagd auszukundschaften, unversehns zu überfallen und mit sich hinwegzuführen oder gar zu erschießen, wie denn Einer allhier gefänglich sitzt, der von den Aechtern dazu vereidet worden, auch Geld, eine Pirschbüchse und giftiges Pulver empfangen, S. L. etwa auf dem Holz zu erschießen oder denselben und meine geliebten Kinder mit Gift zu vergeben.«

Dank Annas anpassungsfähigem Charakter verlief die kurfürstliche Ehe in recht harmonischen Bahnen. Desto mehr mußte es überraschen, daß August drei Monate nach Annas Tod, am 1. Oktober 1585, die dreizehnjährige Agnes Hedwig von Anhalt zum Altar führte.

An einem Sommernachmittag des Jahres 1561 herrschte in den kurfürstlichen Wohngemächern des Dresdner Schlosses eine gespannte Atmosphäre. Die Kurfürstin saß tief über eine Stickerei gebeugt, der sie sich mit ganz besonderer Aufmerksamkeit zu widmen schien. Beim näheren Hinsehen mußte dem Betrachter jedoch auffallen, daß ihre sonst so geschickten Hände zitterten, wenn sie die Nadel führten. Die feinen Goldfäden, die sich sonst mühelos wie von selbst unter ihren kunstfertigen Fingern zu eindrucksvollen Borten und Posamenten verbanden, schienen eher den abschweifenden Gedanken als dem gewollten Muster zu folgen. Der Kurfürst durchmaß in langen Schritten den Raum. Immer wenn sein Blick auf Anna fiel, stieg Zorn in ihm auf.

Vor einer halben Stunde war die Gemahlin eines vornehmen Herren bei ihm gewesen, um von ihm zum wiederholten Male Gnade für ihren Gemahl zu erbitten, den er wegen Empörung gegen ihn, seinen Landesherrn, unlängst festsetzen ließ. Jetzt harrte der Arrestant seiner gerechten Strafe. August hatte der Dame nur widerwillig Privataudienz gewährt, sie danach ungnädig entlassen. Weder ihre Tränen noch Bitten konnten ihn zu einer Sinnesänderung bewegen. Plötzlich erschien Anna in der Tür. August war sicher, daß sich die beiden Damen begegnet waren,

Kurfürst August.

und die Bittstellerin es nicht unterlassen hatte, Annas Hilfe zu erflehen. Mißtrauisch betrachtete August seine Gemahlin. Wann würde sie ihn um Milde für den Übeltäter bitten? Die Atmosphäre im kurfürstlichen Gemach schien zum Zerreißen gespannt.

Anna aber hütete sich, Öl in das Feuer des kurfürstlichen Zorns zu gießen. Ein paar Tränen konnte sie dennoch nicht verbergen. Als August diese bemerkte, ließ er seinem Ärger freien Lauf. In heftigen Vorwürfen klagte er seine Gemahlin der Unterstützung seiner Feinde an. Alle ihre Sorgen, die sie sich vor und während der Grumbachschen Händel um ihn gemacht habe, seien bloße Heuchelei gewesen, wenn sie sich für einen Unwürdigen einsetze, der sich in übelster Weise gegen seinen Kurfürsten vergangen habe, der ihm immer ein gnädiger Herr gewesen sei.

Augusts harte ungerechte Worte waren kaum geeignet, die Tränen in Annas blauen Augen versiegen zu lassen. Zum Glück unterbrach der Besuch von Augusts Lehrer Dr. Selneker diesen Auftritt. Der Doktor war Pfarrer in Dresden, und August befahl dem gelehrten Mann, ihm die hebräische Sprache beizubringen, damit er die Heilige Schrift im Urtext lesen könne.

Anna wischte verstohlen ihre Tränen ab, als Selneker eintrat. Der Kurfürst dachte mißmutig darüber nach, daß er lieber noch einmal seine Vokabeln durchgegangen wäre, als sich mit dem vergeblichen Bittgesuch seiner Untertanin zu beschäftigen.

August lud seinen Lehrer mit einer freundlichen Geste zum Setzen ein. Er reichte ihm einige beschriebene Seiten, die der Doktor aufmerksam studierte. Die fremden Schriftzeichen waren akkurat gesetzt, und August harrte gespannt auf die Wertung seiner Hausaufgaben. Selneker wiegte anerkennend sein Gelehrtenhaupt, als er die Pergamente auf einen zierlichen Intarsientisch legte. Voll des Lobes über die Fortschritte seines kurfürstlichen Schülers in dieser schwierigen Sprache brachte er bald das Gespräch auf die Begnadigung des Gefangenen. Anna trat mit klopfendem Herzen hinzu. Sie spürte, daß die Entscheidung über das Leben jenes Unglücklichen in dieser Stunde fallen würde.

Die unerwartete Wendung seines Sprachunterrichts zu einer Lektion in Vergebung überraschte den Kurfürsten. Sein beleidigter Stolz und das innere Eingeständnis, in seiner Härte zu weit gegangen zu sein, kämpften in seiner Brust. »Wenn Jener Uns also hätte, so würde er Uns längst am lichten Galgen haben hängen lassen!«, rief er erregt. »Ach Kurfürstliche Gnaden,« wandte Selneker unerschrocken ein, »dennoch gehet Gnade für Recht. Wenn Gott mit uns also wollte handeln, wer wollte Gnade erlangen und selig werden?«.

Einen Augenblick stand August betroffen da. Schon rüstete er zur Gegenrede, als Anna rasch auf ihn zutrat. »Mit ihrem Kopf unter dem Barte (des Kurfürsten)« blickte sie ihn mit tränenumflorten Augen an und sagte leise: »Ach Herr!«.

Diese beiden Worte brachen Augusts Widerstand. Noch am gleichen Tag gab er den Befehl zur Freilassung.

Eine seiner Inspektionsreisen durch das Erzgebirge führte den Kurfürsten August nach Schellenberg. Schon von weitem sah man die mächtige Anlage der mittelalterlichen Burgruine, die dem Ort seinen Namen gab. Im Jahre 1528 waren Teile der Burg einem Brand zum Opfer gefallen. Im April 1547 sorgte während eines Frühlingsgewitters ein Blitzeinschlag für den endgültigen Verfall des Gemäuers. Einzig der trutzige Turm und das Torhaus ragten aus dem verlassenen Trümmerfeld.

August beschloß, sein Nachtlager im besagten Turm zu nehmen. Der Schloßhauptmann erhielt Befehl, im Torhaus für ein angemessenes Abendessen zu sorgen und wenigstens sechs Gerichte auf die kurfürstliche Tafel zu bringen. Auch das nötige Quantum Bier und Wein für einen guten Schlaf sollte er nicht vergessen. Im späteren Speisesaal der Augustusburg, der prächtigen Nachfolgerin jenes ruinösen Gemäuers, beschreibt ein Gemälde eine herrschaftliche Tafel, die den kurfürstlichen Tafelgenüssen nicht nachstand:

»Zwey gebratene und gespickte Haasen creutzweise übereinander geleget und darbey Viel Brat- und Knackwürste, wie auch Semmel und Quarckkäse in Form eines Wappens.

Zwey Mönche in weißen Kutten, einer sitzet am

Tische mit einer großen Tasche auf dem Rücken, darinnen er ein Stück gebratenes stecken hat, und frißet von einem Schweinebraten, den er mit beyden Händen hält, der Andere kauert vor einem Weinfaße und hält das Maul unter den Hahn und läßet sich den Wein aus dem Hahn ins Maul laufen. Mit der Beyschrift:

Ich will erfüllen meinen Kragen,

Und hätt ich einen Wolfes-Magen.«

Vielleicht hing dieses Gemälde auch schon in der alten Schellenburg, denn während sich August, sein Kanzler Pflug und der Rest des kurfürstlichen Gefolges den Tafelgenüssen hingaben, inspirierte das Bild seinen Hofnarren Leberecht Löbentraut zu einem Schelmenstück, das sich in der kommenden Nacht zutragen sollte.

Der Kurfürst hatte sich längst zur Ruhe begeben, als der Narr in ein Mönchsgewand schlüpfte. Aber, so überlegte er blitzschnell, auf dem Gemälde waren zwei Mönche zu sehen ... Wenn sein Scherz perfekt sein sollte, mußte er einen Gehilfen finden. Gesagt, getan.

Aufgrund der räumlichen Enge des alten Turmes war August gezwungen, das Gemach mit seinem Kanzler zu teilen. Die üppige Speisefolge der kurfürstlichen Tafel und der Alkohol bescherte beiden einen unruhigen Wachschlaf. Da war ihnen, als öffnete jemand die Tür ... Ein Mönch und eine Nonne betraten den Raum. Beide geisterten eine Weile lautlos zwischen dem Kurfürsten und seinem Kanzler umher. Mit pantomimischen Gesten hoben sie die Bibel auf, die August auf einem Tisch abgelegt hatte. Bald versuchten sie, darin zu lesen, bald stellten sie allerhand Clownerien damit an. Schließlich gaben sie sich alle Mühe, eine Kerze auszublasen, was ihnen – selbstverständlich – nicht gelang. Der Kurfürst und sein Kanzler lagen mäuschenstill in ihren Betten. Unter halbgeöffneten Lidern beobachteten sie das Spektakel. Als die Geisterstunde vorüber war, entschwanden die beiden spukhaften Gestalten genauso lautlos, wie sie gekommen waren.

Am nächsten Morgen fragte August seinen Kanzler beiläufig, wie er denn geschlafen habe. Er sei die ganze Nacht wach gewesen, antwortete dieser. Ob er etwas gesehen hätte, wollte der Kurfürst wissen. Pflug erzählte ihm das nächtliche Abenteuer. August, der sein eigenes Erlebnis bestätigt sah, deutete das Geschehen als künftige Bedrohung der evangelischen Lehre in seinem Kurfürstentum. Daß er dies zu Unrecht befürchtete, wissen wir. Ob er seinen Hofnarren nach dessen nächtlichen Alibi fragte, entzieht sich unserer Kenntnis.

Seit dem ersten »Berggeschrey« ließen die Wettini-
schen Fürsten der Förderung des Montanwesens ihre
besondere Fürsorge angedeihen. Kurfürst August
bildete hierin keine Ausnahme. Bereits als Kind konnte er das Geschehen unter Tage beinahe hautnah
miterleben, denn Herzog Heinrich der Fromme suchte gern die Gesellschaft der Bergleute. Manchmal
fuhr er sogar mit ihnen in die Erzstollen ein.

Der junge Sachsenprinz dürfte den Erzählungen
des Vaters gespannt gelauscht haben, wenn dieser von
der Arbeit der Knappen unter Tage, vom Täufen der
Schächte, dem Brechen des Erzes oder gar vom Berg-
geist sprach. Als er hörte, daß vielversprechende Sil-
berfunde den Vater veranlaßten, die Stadt Marienberg zu gründen, war auch dem dreizehnjährigen
August klar, daß man dem Erzbergbau im Gebirge
alle Sorgfalt angedeihen lassen mußte.

Da ihm das Schicksal unvermutet schnell den Kurhut aufs Haupt setzte, ging August voller Elan daran,
die vom Krieg erschöpften sächsischen Lande wirt-
schaftlich zu konsolidieren. Schon ein Jahr nach seinem Regierungsantritt (1554) erließ er die erste Berg-
ordnung. 1571 und 1575 folgten weitere. Sie ent-
hielten Maßnahmen zur Förderung der Bergbaues,
Steuerhilfen für weniger ertragreiche Gruben, Erhö-
hungen des Silberpreises, den Erwerb von Kuxen,

den Kauf des Erzes durch den Kurfürsten und vieles mehr. August war damit der erste Bergmann seines Landes. Neben der Silbergewinnung lag ihm der Kupferbergbau im Mansfelder Land sehr am Herzen. Jede technische Neuerung fand sein Interesse und Förderung, wenn sie sich als nützlich erwies. Neue Hammerwerke wurden angelegt. Ihre imponierende Technik kann man noch heute im »Frohnauer Hammer« bewundern.

Der detaillierten Kenntnis des Kurfürsten entging nichts. 1554/55 wurde auf seinen Befehl neben dem Schloß ein Schmelzhaus errichtet. Hier konnte man August als engagierten Zuschauer finden, der beim Probieren neuer Schmelzverfahren sachkundigen Rat gab. Oft erschien er mit Tabellen bewaffnet und verglich anhand eigener Berechnungen die erzielten Resultate. Augusts wirtschaftliche Aktivitäten galten nicht allein dem »fürstlichen« Metall. Der ordinären Steinkohle widmete er seine Aufmerksamkeit ebenso wie den Salzwerken oder anderen Lagerstätten.

Derart umsichtige Wirtschaftspolitik ließ die Staatsschulden bald schmelzen wie das Erz in den zahlreichen Verhüttungsbetrieben des Landes. Bei seinem Tod 1586 hinterließ August eine wohlgefüllte Schatzkammer mit knapp zwei Millionen Gulden Bargeld. Neben rheinischen Gulden und kursächsischen Silbermünzen fanden sich Währungen aller bedeutenden europäischen Staaten.

Wer als Bergjunge, Steiger, Hauer oder Karrenläufer zu harter gefährlicher Arbeit täglich in den Berg einfuhr, wer als Haspelknecht tätig war, am Schmelzofen stand oder die schweren Eisenhämmer bediente, mußte eine ordentliche Mahlzeit bekommen. Dieser Einsicht verschloß sich auch August nicht. Die Landwirtschaft, der Obst- und Gartenbau erfreuten sich daher seiner besonderen Aufmerksamkeit.

In Dresden-Ostra und Gorbitz entstanden bald Musterwirtschaften, die Vorbildfunktion für die Rittergüter des Landes besaßen. Die Obstgärten des Ostragutes lagen August besonders am Herzen. Wer wollte, konnte ihn ganz ungezwungen mit Hacke, Schaufel, Säge oder Veredlungsmesser in seiner Baumschule hantieren sehen. In seinen Gewächshäusern gediehen exotische Pflanzen, und an besonders geschützten Stellen prangten während der Sommermonate Lorbeerbäume, Feigen, Rosen, Myrthe sowie Tabak. Die Ergebnisse seiner gärtnerischen Erfolge ließ der Kurfürst in dem »Künstlich Obst- und Gartenbuch« einer breiten Öffentlichkeit bekannt machen. Das Büchlein erlebte immerhin drei Auflagen.

Anna erwies sich ihrem Gemahl als Gärtnerin durchaus ebenbürtig. Überhaupt drängt sich der Eindruck auf, als sei Augusts volkswirtschaftliche Begabung erst von Anna geweckt worden. Die Kurfürstin erbat von sämtlichen befreundeten Höfen Sämereien, seltene Pflanzen oder exotische Gewächse. Sogar den Anbau von Erdnüssen probierte sie.

Um die Untertanen am Erfolg der kurfürstlichen Gartenkunst partizipieren zu lassen, ordnete August an, daß jedes neuvermählte Paar mindestens zwei Obstbäume zu pflanzen habe. Wenn ihn seine Inspektionsreisen durch die sächsischen Lande führten, und das Brautpaar das Glück hatte, ihm zu begegnen, beschenkte es der Kurfürst höchstpersönlich mit den notwendigen Sämereien, die er säckeweise im Gepäck mit sich führte.

An die Untertanen erging bald der Aufruf, Kirschkerne zu sammeln. Jedes Maß abgelieferter Kerne wurde mit einem Maß Korn honoriert. Der Erfolg war durchschlagend! Im Jahre 1577 gingen so viele Kerne ein, daß ein besonderes Gewölbe dafür eingerichtet werden mußte. Aus Sicherheitsgründen besaß allein der Hofgärtner den Schlüssel dazu, und August schärfte ihm ausdrücklich ein, »daß er sonst Niemand hineinlasse, damit Niemand einen Kirschkern stehle«.

Auch die Braut dürfte von der Kurfürstin nützliche Ratschläge erhalten haben, vielleicht wie man Rosensaft, Nelken- und Lavendelzucker herstellt, »der trefflich den lebendigen Geist stärkt«, oder daß Tauwasser, »an Walpurgisnacht gefangen«, gut für die Hautpflege sei. Ganz im Vertrauen wird Anna der jungen Frau eröffnet haben, daß »ein Gläslein mit köstlichem guten Oel dem neugeborenen Kindlein,

Mutter Anna.

sobald daß unser Herr Gott zur Welt bescheert und noch ehe denn es gebadet und gestillt worden, mit einem subtilen Löfflein darin nur 3 Tröpflein gehn, zu dreien haben und also auf alle drei Mal neun Tropfen Oels ungefährlich einflößen, welches dem Kindlein ganz nützlich und dienstlich sein und dasselbe sehr stärken soll«.

Annas Ruf als kundige Medizinerin drang bald über die Landesgrenzen hinaus. Von nah und fern wandte man sich an sie, um von ihr Mittelchen, Pulver und Mixturen gegen sämtliche Gebrechen zu erbitten. Unter den Hilfesuchenden fand sich u. a. Angenisa Reussin von Plauen, deren »rechter Arm ein wenig schwinden tut«, oder Herzogin Sidonia von Teschen, die von Anna ein »Bulfer« erbat, da der herzogliche Gemahl mit einem »berüchtigt und losem Weib gebuhlt ... denn ich will Ew. L. nicht verhalten, daß ich auch nun bei einem halben Jahr beginne zu verdorren«.

Was Anna der Herzogin schickte, wissen wir nicht. Wirksam scheinen ihre Mittel gewesen zu sein, denn zum illustren Kreis ihrer »Patienten« zählte sogar Kaiser Maximilian II.

1581 gründete Anna die Dresdner Hofapotheke. Neben heilkräftigen Arzeneien fand man darin die kuriosesten Dinge. So weist das Inventarium der Kurfürstin »Todtenbeinknochen und Menschenschmalz« aus. Neben verschiedenen Substanzen aus dem Reich der Mineralien gab es gedörrte Wolfsherzen, Schlangenhäute, Füße von Rohrdommeln, Auerhahnmagen und pulverisierte Rebhuhnfüße. Letztere verordne-

Vater August.

te sie dem Landgrafen Philipp von Hessen gegen die Gicht.

Doch sollte man Annas medizinische Betätigung nicht als Mischung von Aberglauben und Quacksalberei abtun. Die Renaissance befreite die Menschen aus ihren mittelalterlichen Denkschemata, reizte ihren Forschungs- und Wissensdrang auf allen Gebieten. Von Kurfürst Moritz war an der Leipziger Universität eine Lektur für Chirurgie und Anatomie gestiftet worden. Die Forschung kam nicht recht in Schwung, so daß sich August darüber beklagte, daß

»in diesen Landen großer Mangel an Leuten, die der Chirurgie recht berichten und erfahren, dadurch manch ehrlicher Mann übel versäumt, auch oftmals ganz verderbt wurde«. Er selbst unterstützte den medizinischen Fortschritt nach Kräften. Als sein Sohn Joachim 1557 wenige Monate nach der Geburt starb, befahl er, »es solle das Leichlein im Beisein dreier Doktoren aufgeschnitten und besehen werden, woran es gestorben sein möge«.

Später wurden auf Augusts Wunsch die Leichen der Hingerichteten der Forschung zugewiesen, »damit er daraus Skelette zurichten könne von männlichen, weiblichen, jungen und alten Personen«.

VON DEN SCHWIERIGKEITEN,
EINEN KURORT ZU GRÜNDEN

Am 13. März 1571 überbrachte ein kurfürstlicher Kurierreiter dem Besitzer des Rittergutes Wiesa nahe der Bergstadt Annaberg ein Schreiben Augusts. An »Hans Friedrichen zu der Wiesen«, rief der Bote mit volltönender Stimme, um sicher zu sein, nur dem Hausherrn persönlich seine Botschaft auszuhändigen. Das Schreiben trug das Siegel des Kurfürsten und der, an den es gerichtet war, konnte sich nicht erinnern, daß ihm ähnliches schon einmal widerfahren war. Gespannt las er, was der Landesherr ihm mitzuteilen hatte:

»Lieber getreuer. Nachdem im Dorf zu der Wiesen ein Brunnenquell aufstoßet, welcher laulich und etwas warm ist und zu vermuthen, wenn solcher Quell, ehe sich die kalten wilden Wasser darein vermischen, ausgerichtet und gefaßt werden könnte, er würde viel wärmer und heißer als jetzt sein und des Orts wohl ein gesundes warmes Bad können angelegt werden, als haben wir unsern Bergwerksverwalter Martin Planer zu Freiberg befohlen, die Gelegenheit berührten Quells zu besichtigen, ob vermuthlich oder möglich sei, solchen Quell ursprünglich zu fassen und etwa in Röhren gemeinen Nutzen zum Besten, herauszuleiten. Begehren deshalb gnedigst, weil solches von uns gemeinen Nutzen zu guten gemeint und Dir und Deinem Dorf hierin kein Nachteil zugefügt, sondern vielmehr zum Besten und genießlichen Aufnahmen gereicht, Du wolltest Dir solches unser Vornehmen, so auf unsere Kosten geschehn soll, nicht lassen zuwider sein, sondern ihm hierzu alle nothdürftige Förderung und guten Willen erzeigen«.

Selbstverständlich war sich Hans Friedrichen von der Wiesen sofort darüber im Klaren, daß er zum einen dem Befehl des Kurfürsten zu willfahren hatte, zum andern der Ausbau seines Dorfes zum Kurbad auch für ihn nur von Vorteil sein konnte. Keine drei Wochen später kam besagter Martin Planer, seines Zeichens kursächsischer Bergwerksverwalter, aus Annaberg herüber. Mit Kompaß und Meßschnuren stapften seine Vermessungsbeamten über die frühjahrsnassen Wiesen. Sie maßen aus, steckten ab, und Martin Planer entwickelte aus den gewonnenen Daten ein Gutachten an den Kurfürsten. August war hocherfreut. Bald brauchte er nicht mehr nach Teplitz zur Badekur zu reisen, sondern konnte in seinem geliebten Wolkensteiner Revier Jagd- und Kurfreuden miteinander verbinden, und was ihm ebenso wichtig erschien, war, daß er den böhmischen Bädern einige Kurgäste abspenstig machen konnte, die ihre Gulden ins Erzgebirge trugen.

Der Zentner in Annaberg erhielt Befehl, »das was zur Fassung des berühmten Brunnens aufgehn werde«, aus der Zentnerkasse anzuweisen. Im August 1571 äußerte sich der Kurfürst lobend, »daß des Orts das Wasser allbereit so warm, daß man ungewärmt darin baden kann«.

Der Bau machte rasche Fortschritte. Bald nahm ein neues Badehaus Gestalt an. Martin Planer sandte seine Berichte samt der Kostenaufstellung über den jeweiligen Bauabschnitt nach Dresden. August bekundete sein Wohlgefallen und ließ Geld anweisen. Nur das Badehaus hatte er nicht bestellt! Eines schönen Tages schickte ihm Planer auch dafür die Rechnung. »Wir vernehmen auch gern«, schrieb ihm August zurück, »daß Du uns auf Gutachten unseres Hauptmanns des Erzgebirges und Oberbergmeisters ein ansehnliches bequemes Haus zu solchem Bade bauest, nehmen auch solche eure unterthänige Erzeigung, daß ihr uns zu Ehren solches Haus erbauen laßt, zu gnädigem Gefallen und Dank an. Weil Dir aber der Hauptmann Wolf von Schönberg solches befohlen, so wirst Du auch des Geldes wegen bei ihm zu erholen wissen«.

Der Schrecken über dieses unfreiwillige Geschenk dürfte den beiden Bergbeamten tüchtig in die Glieder gefahren sein! Nach dieser heilsamen Lektion über den Umgang mit Steuergeldern bezahlte der Kurfürst sein Badehaus dann doch selbst.

Unter dem Michaelistag (29. September) 1571 erging an den Zentner zu St. Annaberg folgendes Reskript:

»Nachdem unser Bergverwalter Martin Planer zu Freiberg auf unser gnädigst Begehren und Befehl das warme Bad bei Wolkenstein zu fassen, auch daneben ein Haus bauen lassen, darin wir und unsere freundliche liebe Gemahlin nach unserer Gelegenheit baden und unsere Bequemlichkeit haben könnten, welche Gebäude, wie die bis auf dato gebracht, 241 fl. 2 gr. 10 pf. gestehen, ohne die messingen Röhren, darauf sich das Wasser wärmen soll, gestehen werden, als befehlen wir Dir hiermit gnädig, Du wolltest ermeldeten Bergwerksverwalter obberührte 291 fl. 2 gr. 10 pf. wiederum zustellen und erlegen. Was auch die messingnen Röhren und Anderes, so zu vollkommlicher Verfertigung dieses Hauses nöthig, kosten werden, ihm gegen seine Quittung aus unserm Zehnten erlegen und vollend zu bezahlen«.

Auf Augusts Befehl erstellte der Physicus von Annaberg ein Gutachten über die heilkräftige Wirkung der heißen Quellen, und August reiste noch im Herbst des gleichen Jahres nach Wolkenstein, die Heilwirkung des Wassers am eigenen Leib zu probieren. Allerdings zog er es vor, sein geliebtes Wolkensteiner Schloß zu bewohnen. Der »Kurbetrieb auf der Wiesen« war ihm doch zu ungewohnt. 1578 gestattete er einer adligen Dame, »in dem Hause das er bei dem Wildbad aufm Wolkenstein erbaut, drei Wochen lang zu baden und zu herbergen, doch sollten nachher alle Dinge aufs sauberste wieder gereinigt, gewaschen und zugerichtet werden«.

Martin Planer wurde von August »für die Mühe und fleißige Anrichtung der warmen Bäder mit einem Ehrenkleid nach Gelegenheit seines Amtes begnadet«. Außerdem schenkte ihm der Kurfürst ein Pferd aus seinem Stall. Der Bergwerksverwalter scheint kein geübter Reiter gewesen zu sein. Vielleicht machten ihm auch die Steigungen des Gebirges zu schaffen. Eines Tages fiel er von seinem kurfürstlichen Geschenk und brach sich das Bein. August schrieb ihm hierauf teilnehmend: »Wir begehren gnädigst, Du wolltest Deiner wohl auswarten und Dich nicht eher wieder hinausmachen, bis Dir der Schenkel wieder erstarkt ist, wir wollen auch förderlichst unseren Wundarzt zu Dir abfertigen, daß er sehe, ob Dir der Schenkel auch gerade und recht gebunden und Dir daneben sei Gutbedünken wie der Sachen ferner zu thun vermelden solle«.

Vielleicht verordnete ihm Augusts Leibmedicus sogar den Gebrauch der neuen Heilquellen. Bad Wiesenburg und Warmbad mauserten sich durch die Jahrhunderte zu anerkannten Heilbädern, denen bis zum heutigen Tag die Kurgäste treu geblieben sind.

Das Jahr 1585 begann für das Kurfürstenpaar unter ungünstigsten Bedingungen. Anna und August erkrankten fast gleichzeitig. Die Kurfürstin wurde »vom Grieß sehr geplagt«, er litt »an geschwollenen Schenkeln«. Die Leibärzte griffen zu brachialen Mitteln, nämlich einer Behandlung mit »einem giftigen Rauch und mit Salz gebranntes Quecksilber«. Dies war eine Behandlung, die selbst den befreundeten Fürsten die Haare zu Berge stehen ließ. Aber ihre Rezepturen waren auch nicht besser.

Annas Befinden blieb wechselnd. Vielleicht lag es am Frühling jenes Jahres oder an Annas widerstandsfähiger Natur, daß sie sich trotzdem wieder erholte. Im Juli 1585 begleitete sie August zur Jagd. Bald befiel sie ein erneutes Unwohlsein. »Sie hatte anfänglich Beschwerden im Magen und ist folgendes in ein fettig Brechen gerathen und davon ganz von Kräften gekommen.« Trotzdem ließ sich Anna bei der Vorbereitung der Hochzeit ihrer Tochter Dorothea mit Herzog Heinrich Julius von Braunschweig nicht unterkriegen. Anna hatte sich dennoch zuviel zugemutet. August begann, sich um seine Gemahlin ernsthafte Sorgen zu machen, denn Anna fühlte ihr nahendes Ende. Am 1. Oktober 1585 kurz nach 7 Uhr abends starb die Kurfürstin »endlich fast in sich erloschen«, wie es in einem Brief heißt. Die vielfache Behauptung, Anna sei an der Pest verstorben, dürfte damit berichtigt sein. Der Tod der Kurfürstin wurde von der Bevölkerung unter großer Anteilnahme aufgenommen. Im Dom zu Freiberg fand sie ihre letzte Ruhestätte.

Annas Tod war für den alternden Kurfürsten ein schwerer Schlag. So »seind S. Churf. G. aus schuldiger ehelicher Liebe und Treue ob diesen unvorhergesehenen Fähl und tödtlichen Abgang ihres geliebten Gemahls ganz höchlichen betrübt und bekümmert worden«.

Die »Bekümmernis« hielt nicht lange an. Am 16. Oktober 1585 besuchte der brandenburgische Kurfürst Johann Georg Kurfürst August in Dresden. Neben seiner Gemahlin und Herzog Philipp von Braunschweig-Lüneburg als Begleitung hatte er noch einen Plan: die Wiederverheiratung des fast sechzigjährigen sächsischen Kurfürsten mit der dreizehnjährigen Agnes Hedwig von Anhalt.

Doch wie dem gerade Verwitweten eine neue Ehe schmackhaft machen, dazu noch mit einem halben Kind?

Johann Georg griff zu »alle(n) dienlichen Mitteln und Wegen ... durch welche S. Churf. G. ihres Betrübnus wieder entledigt werden möchte ...«, und lud ihn kurzerhand nach Dessau ein. Schon eine Woche später brach August samt seinen Gästen zur Schweinehatz in die kurfürstlichen Jagdgebiete auf. Über Dresden, Nossen, Colditz, Wurzen traf der Jagdzug am 6. November 1585 in Torgau ein. Hier erwartete August eine Überraschung der besonderen

Art. »Freulein Agnes Hedwigen und Freulein Doro-
theen Marien, desselben Tages zu Torgau ... mit wenigen Pferden und Hofgesind ankommen seind und
von S. Churf. G. ganz freundlich empfangen worden«.

Der Brandenburger hatte gute Vorarbeit geleistet.
Schneller als er damit rechnete, fing August Feuer.
Bereits am nächsten Tag hatte sich das ungleiche Paar
an der Mittags- bzw. Abendtafel »lustig und fröhlich
miteinander gemacht«. Kaum schlossen sich die Tü-
ren hinter dem jungen Mädchen, als August in Johann Georg drang, bei Joachim Ernst von Anhalt
vorzusprechen, »und es dahin zu richten, damit S.
Churf. G. nicht mit weitläufiger Antwort lange ufge-
halten wurden.«

Man wurde sich schnell einig. Am 11. November
fuhr August, frisch verlobt, nach Annaburg zur Wild-
schweinjagd. Als die Silvesterglocken Dresdens das
neue Jahr 1586 einläuteten, traf man im Dessauer
Schloß letzte Vorbereitungen für die Hochzeit. Am
3. Januar 1586 gab August seiner Kindfrau das Ja-
wort. Eine Woche feierte man, dann reiste das Kurfürstenpaar nach Dresden zurück, wo die Residenz
über mehrere Tage im Glanz des kurfürstlichen Hofes erstrahlte.

Agnes Hedwig stieß schnell auf die Opposition der
orthodoxen lutherischen Geistlichkeit, jenem Grund-
übel der sächsischen Gesellschaft. Was Bittgesuche
nicht erreichten, gelang ihrer Jugend: die Freilassung
langjährig inhaftierter Calvinisten.

August durfte sich seiner jugendlichen Gemahlin

nicht lange erfreuen. Am 11. Februar 1586 traf ihn bei einem Jagdaufenthalt in Schloß Moritzburg der Schlag. Man brachte den Kurfürsten nach Dresden zurück. Hier starb er noch am selben Tag.

Agnes Hedwig war nach sechs Ehewochen Witwe. Der neue Kurfürst hieß Christian I.

Agnes Hedwig heiratete nach zweijähriger Witwenschaft Herzog Johann von Schleswig-Holstein-Sonderburg. Sie starb am 3. November 1616.

QUELLENVERZEICHNIS

Dresdner Hefte: «Von Gottes Gnaden Augustus Hertzog zu Sachssen Churf". – 9/1986

Gerlach, W.: Kurfürst Augusts von Sachsen zweite Ehe (1586). – N. A. f. s. G. 57/1936

Gränitz, R.: Schloß Augustusburg. – Beiheft zu SHBl. 1963

Gräße, J. G. Th.: Der Sagenschatz des Königreiches Sachsen. – Leipzig 1978

Herm, G.: Der Aufstieg des Hauses Habsburg. – Wien 1994

Japiske, N.: Die Oranier. Statthalter und Könige der Niederlande. – München 1939

Joel, F.: Herzog August von Sachsen bis zur Erlangung der Kurwürde. – N. A. f. s. G. 19/1898

Naumann, R.: Die politische Bedeutung der ersten Landtage des Kurfürsten August von Sachsen. – Meißnisch-sächs. Forschgn. Dresden 1929

Sachsen Herzog, A. v.: Die Wettiner in Lebensbildern. – Wien 1995

Staatl. Kunstsammlungen: Der Silberne Boden. Kunst und Bergbau in Sachsen. - Dresden 1990

Sturmhoefel, K.: Illustrierte Geschichte der sächsischen Lande und ihrer Herrscher. Bd. II/1. - Leipzig o. J.

Weber, C. v.: Anna Churfürstin zu Sachsen. - Leipzig 1865

Wenk, W.: Des Kurfürsten August Verwicklung mit
den Ernestinern und dem Markgrafen Albrecht
von Brandenburg-Kulmbach. - A. f. s. G. N. F. 3/
1877
ders.: Kurfürst Moritz und Herzog August. - A. f. s.
G. 9/1871
Wolf, G.: Kurfürst August und der niederländische
Aufstand. - N. A. f. s. G. 14/1893

BILDNACHWEIS

Verlagsarchiv: 15
Alle übrigen Vorlagen entstammen dem Archiv der Autorin

Christa Blanke

Mit den Augen der Liebe

Wir sind bei den Tieren
Ein Tagebuch der Hoffnung

ANIMALS' ANGELS
PRESS

für Julia und Christine
die seit so vielen Jahren mit mir bei den Tieren sind

und für unseren Rechtsanwalt
Dr. Konstantin Leondarakis

komme doch zu hülff allen vnschüldigen, bedrangten,
daß sie nicht verzweifflen
und erleuchte die hohe Obrigkeit,
daß sie woll sehen was sie machen

Pater Friedrich Spee SJ, 1631

SLOVENIEN,
GRENZSTATION GORIZIA,
10. Dezember

Es schneit in kleinen Eiskristallen.
Seit 52 Stunden stehe ich hier an der Grenze zu Italien.
Mit Freunden aus Deutschland und Schottland,
aus Italien und Slovenien.
Ich bin todmüde und friere erbärmlich.
Mir ist schwindelig von den Abgasen der vielen LKWs.
An der Grenze ist Hochbetrieb.
Weihnachtsgeschäft. Transportgeschäft.

Wir zählen LKWs.
LKWs aus Italien, Ungarn, Rumänien, Polen, Kroatien.
LKWs mit Schafen, Pferden, Schweinen, Lämmern, Hasen, Eseln.
LKWs, aus denen es wiehert, blökt und schreit.
Wir zählen LKWs, weil es keine korrekte Statistik gibt.
Wir zählen TierTodesTransporte.
Der Leichenzug lässt sich nicht stören.
Nicht vom Wetter.
Nicht von uns.
Bald ist Weihnachten.
Da arbeiten die Schlachthäuser in Süditalien Doppelschicht.

Kinderaugen sehen mich an
aus braunen, weißen und grauen Gesichtern.
Kinder fahren in den Tod.
Ohne ihre Mütter.
In klirrender Kälte.
Ohne Futter.
Ohne Wasser.
Ohne ein einziges freundliches Wort.

Dann kommen wieder Esel aus Rumänien.
70 Esel in einem viel zu kleinen LKW.
Nach 56 Stunden auf dem LKW sind sie so schwach,
dass sie bei der Entladung taumeln und hinfallen.
Zwei sind tot.
Einer hat sich im Strick erhängt.
Einer war zu Boden gegangen
und die andern haben ihn zu einer unförmigen Masse zerstampft.
Zwei sind so schwer verletzt,
dass wir die Euthanasie erzwingen können.
Aber vorher müssen wir die Esel kaufen.
Auch die Arztkosten und die Verbrennung der Leichen
müssen wir bezahlen.
Der Leichenzug lässt sich nicht stören.
Ordnung muss sein.

Meine Augen brennen.
Tränen habe ich keine mehr.
Die habe ich alle aufgebraucht in den letzten Tagen.
Die Kälte beißt.
Ich kann im Schneetreiben kaum noch etwas sehen.
Nicht mal mit den Augen der Liebe.

Da greifen meine Finger in der Tasche des Anoraks
ein kleines Päckchen.
Die winzige Krippe vom Weihnachtsmarkt in Ljubljana.
Maria und Josef, das Jesuskind.
Ochs und Esel.
Ich streiche zart über die kleine Holzfigur mit den langen Ohren.

Und als der nächste Tiertransporter im Zollhof anhält,
kann ich wieder sehen.
Mit den Augen der Liebe.

DEUTSCHLAND,
SCHLACHTHOF WEISSENFELS,
22. Dezember

Der dreistöckige Transporter wird entladen.
Schweine taumeln die Treibgänge entlang.
Angetrieben von Elektrostöcken und Schimpfworten.
Es ist elf Uhr nachts und minus 14 Grad C.
Gleißendes Scheinwerferlicht erhellt die gespenstische Szenerie.
Das Geschrei der Schweine mischt sich
mit dem Dröhnen der Motoren.
Und dem brutalen Geschrei der Arbeiter,
denen alles nicht schnell genug geht.

In diesem Schlachthof werden
fünftausend Schweine täglich getötet.
Dreißigtausend in der Woche.
Eineinhalb Millionen im Jahr.

Der gleichmäßige Fluss der rosa Schweinekörper stockt.
Ein Schwein steht auf der Schwelle zwischen LKW und Rampe.
Ganz still steht es da.
Die Ohren nach vorne geklappt.
Die Nase im eisigen Wind.
Das rechte Hinterbein ist gebrochen.
Es muss große Schmerzen haben
Aber es steht ganz ruhig da.

Das Schwein sieht zu uns herüber.
Zu unseren winzigen Teelichtern,
die im Luftzug der Winternacht immer wieder ausgehen.

Das Schwein sieht zu uns herüber.
Dann humpelt es
hocherhobenen Hauptes
die Rampe hinunter.
Morituri te salutant.

Doris neben mir weint.
Dann ballt sie die Hände in den Taschen ihres schwarzen Anoraks.
Die Würde des Schweins ist unantastbar!
sagt sie leise
und zündet ein neues Teelicht an.

POLEN,
MARKT BODZENTYN,
23. Dezember

Es ist Minus 31 Grad C.
"Ein sibirischer Wind", sagt Irena
und zieht die Mütze tiefer über die Ohren.
Etwa fünfhundert Pferde stehen in langen Reihen
angebunden nebeneinander.
Der magere schwarze Hengst scharrt aufgeregt mit den Hufen.
Schweiß bedeckt seinen Körper
und gefriert sofort zu glitzernden Eiskristallen.
Die beiden schweren Wallache
lassen die Köpfe bis zur Erde hängen.
Müde, alte Arbeitspferde.
Jahr für Jahr gemeinsam im Gespann.
Wie gut, dass sie nicht wissen, wie bald sie getrennt werden.
Der eine ist an einen polnischen Bauern verkauft worden,
sein Arbeitsleben ist noch nicht vorbei.
Für den andern beginnt in wenigen Stunden
die 2000 km lange Fahrt zum Schlachthof in Süditalien.

Irena hat einen kleinen Weihnachtsbaum mitgebracht.
Zwölf winzige Lichter brennen.
Maria und Ewa putzen die allerschmutzigsten Pferde.
Die Männer lachen.
"Wozu ist das gut?", fragt einer
und macht die Geste des Halsabschneidens.
Die beiden Mädchen ignorieren ihn und bürsten weiter.
So viele Narben auf dem Fell.
So viele blutige Wunden unter dem Dreck.
Es gibt Weihnachtsmöhren für die Pferde.
Und neue, farbige Halfter statt der groben Stricke um den Hals.
Solange der Vorrat reicht.

Marek arbeitet unermüdlich.

56 Hufe hat er ausgeschnitten und geradegeraspelt.

56 Hufe von 14 Pferden.

14 Pferde, die 2000 km lang stehen müssen.

Auf dem Transport zum Schlachthaus in Süditalien.

Marek ist ein starker Mann.

Aber nun muss er sich hinsetzen.

Neben den kleinen Ofen bei Irenas Weihnachtsbaum.

Mit einer Tasse heißen Kaffee.

Eine kleine braune Stute legt ihm den Kopf auf die Schulter.

Einen Kopf mit vielen grauen Haaren und dunklen weisen Augen.

Sie ist so müde.

Vom Arbeiten.

Von der Kälte.

Vom Leben.

Gleich werden Männer kommen und sie auf den LKW zerren.

Aber jetzt ist sie geborgen.

Marek streichelt sie mit seiner großen verarbeiteten Schmiedehand.

Er sieht sie an mit den Augen der Liebe.

Und für einen Augenblick scheint über Mann und Pferd
das goldene Licht des Sterns von Bethlehem.

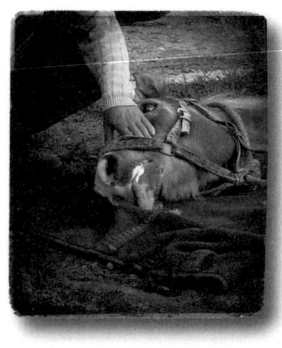

FRANKREICH,
PFERDESTALL IN LAUTERBOURGH,
23. Dezember

Wir waren den Pferden gefolgt.
Von der polnischen Grenze bei Frankfurt an der Oder,
quer durch Deutschland,
16 Stunden lang,
bis zu diesem Stall beim Güterbahnhof Lauterbourgh im Elsass.
Die Pferde wurden entladen.
Mit Schlägen und Tritten.

Jetzt sind die Arbeiter weg.
Alles ist dunkel.
Es ist zwei Uhr nachts am Tag vor Weihnachten.
Jochen versucht, die Stalltür zu öffnen.
Sie ist nicht verschlossen.
Im Schein der Taschenlampen bietet sich uns ein trauriges Bild.

60 Pferde stehen angebunden in zwei Reihen.
Vor leeren Trögen.
Und bis zu den Knien in einer stinkenden Brühe aus Wasser,
Urin und Exkrementen.
Ein dunkelbrauner Wallach stampft mit den Hufen.
Die Brühe spritzt bis zur Decke.

Fünf Lipizanerstuten stehen beieinander.
Weiße Prinzessinnen im Elend.
Eine Stute ist sehr schwach,
sie kann kaum stehen.
Ihre Freundinnen rechts und links stützen sie geduldig,
mit dem eigenen Körper,
damit sie nicht fällt.

Wir finden etwas Heu und verteilen es unter 60 hungrige Mäuler.
Das mahlende Geräusch der Zähne verändert die Atmosphäre.
Wir füllen sauberes Wasser in Eimer und tränken 60 durstige Pferde.
Wir scheuchen die Trostlosigkeit aus dem Stall.

Jochen und Elisabeth gehen zu jedem einzelnen Pferd hin.
Sie reden leise und freundlich.
Sie streicheln über schmutziges Fell.
Sie sehen in blicklose Augen.
Sie binden jedem Pferd eine rote Weihnachtsschleife in die Mähne.

Eliza sitzt zwischen zwei Pferden
und spielt auf ihrer kleinen Mundharmonika.
Stille Nacht, heilige Nacht...
Die Töne vermischen sich mit dem Kauen der Pferde.
Mit ihrem Prusten und Schnauben.
Mit dem Gluckern des Wassers,
das immer weiter aus der aufgefrorenen Leitung läuft.
Stille Nacht, heilige Nacht...
Auch hier?
In diesem heruntergekommenen Stall?

Um sieben Uhr werden die Arbeiter kommen.
Sie verladen dann die Pferde in den wartenden Güterzug.
Mit Tritten und Schlägen.
Der Zug fährt zum Schlachthof Carpentras in Südfrankreich.

Eliza spielt Kommet ihr Hirten, ihr Männer und Fraun...
Sind wir das?
Ist hier und heute Nacht der Stall von Bethlehem?
Eliza spielt.
Und Jochen bindet dem letzten Pferd in der Reihe
die rote Weihnachtsschleife um.

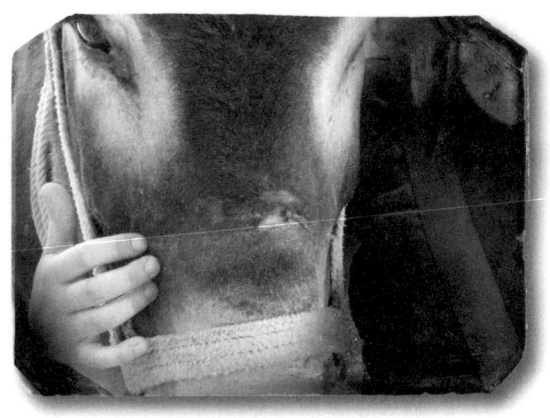

Die Metzger in Carpentras sollen sich sehr verwundert haben.
Über die 60 Pferde mit den roten Schleifen im Haar.
'Unsere Weihnachtspferde' wurden alle umgebracht.
Aber vorher haben wir sie gesehen.
Mit den Augen der Liebe.

Der Kuhstall ist klein und dunkel.
Draußen herrscht klirrende Kälte.
Die verschmutzten Fenster sind zu.
Es stinkt nach Ammoniak.

Die Kuh steht auf Beton.
Mit den Vorderbeinen.
Die Kuh steht auf einem Metallgitter.
Mit den Hinterbeinen.

Die Kuh ist mit zwei Ketten angebunden.
Die Ketten haben eine rote Plastikhülle.
Die Kuh kann einen Schritt zurücktreten.
Aber sie kann sich nicht umdrehen.

Die Kuh möchte sich hinlegen.
Aber ihre Nachbarin liegt bereits.
Die Kuh kann sich erst hinlegen,
wenn ihre Nachbarin aufgestanden ist.

Die Kuh möchte sich am Bauch kratzen.
Doch die Ketten sind zu kurz.
Sie kommt nicht dran.
An ihren eigenen Bauch.

Die Kuh wird zweimal am Tag gefüttert.
Das Futter stinkt.
Es schmeckt ihr nicht.
Sie hat Bauchweh.

Die Kuh hat keine Selbsttränke.
Sie bekommt zweimal am Tag Wasser.
Oder nur einmal.
Oder gar nicht.

Die Kuh wird zweimal am Tag gemolken.
Mit einer elektrischen Melkmaschine.
Damit sich ihr Euter nicht entzündet,
bekommt sie Medizin.

Die Kuh wird jedes Jahr künstlich besamt.
Das tut weh.
Die Kuh bekommt jedes Jahr ein Kind.
Das tut auch weh.
Die Kuh bleibt bei der Geburt angebunden.
Sie kann sich nicht umdrehen und ihr Kind begrüßen.
Das tut am meisten weh.

So lebt die Kuh seit sechs Jahren.
Sie kennt den blauen Himmel nicht.
Und nicht die grüne Wiese.
Sie hat nie den Sonnenschein auf ihrem
schwarz-weißen Fell gespürt.
Und auch keine weichen Regentropfen.

So lebt die Kuh seit sechs Jahren.
Das sind 2190 Tage.
Und 52.560 Stunden.
Sie hat sich niemals umgedreht.
Sie ist niemals gelaufen, gerannt, gehüpft.

Heute ist Dreikönigstag.
Morgen wird die Kuh zum Schlachten abgeholt.
Die 'Milchleistung' hat nachgelassen.
Für Kühe gibt es keine Rente.

Heute ist Dreikönigstag.
Heute kommen die Könige aus dem Morgenland.
In diesen dunklen Stall.
Zu dieser armseligen Kuh.

König Kaspar bringt ihr Gold.
Zeichen für ihren unveräußerlichen Wert.

König Melchior bringt ihr Weihrauch.
Zeichen für ihre unzerstörbare Heiligkeit.

König Balthasar bringt ihr Myrrhe.
Zeichen für das baldige Ende ihres Martyriums.

Heute ist Dreikönigstag.
Heute kommen die Könige aus dem Morgenland.
Mit Gold, Weihrauch und Myrrhe.
In diesen dunklen Stall.
Zu dieser armseligen Kuh.

Heute ist Dreikönigstag.
Heute kommen die Könige aus dem Morgenland.
Sie sehen die Kuh in dem dunklen Stall.
Mit den Augen der Liebe.

POLEN, GRENZSTATION ZEBRZYDOWICE, 16. Januar

Sie steht auf der Rampe.
Sie ist fast schon im LKW.
Da sieht sie zu mir herüber,
dreht sich um,
kommt her
und legt mir den Kopf auf die Schulter.
Ihr Atem ist ganz warm.
Ihr braunes Fell ist feucht vom Schnee.

Der Arbeiter kommt.
Er ist ein freundlicher Mann.
Ruhig führt er sie wieder auf die Rampe
und redet ihr gut zu.
Sie reißt den Kopf hoch,
macht sich los
und kommt wieder zu mir zurück.
Sie schmiegt die weichen Nüstern in meine Hand.

Der Arbeiter lockt sie mit Heu.
Sie geht mit.
Bis zur Rampe.
Dann kommt sie wieder zu mir.
Sie bleibt vor mir stehen
und sieht mich an.
Aus großen, dunklen Augen sieht sie mich an.

Der Arbeiter holt einen Stock.
Ich bedeute ihm, dass er warten soll.
Jetzt nehme ich den Strick in die Hand.
Ohne Zögern geht sie mit mir.
Über die Rampe hinein in den LKW.
Als ich mich umdrehe wiehert sie.
Ganz zart.
Und traurig.

Das leise Wiehern dröhnt mir in den Ohren.
Verräter!

PORTUGAL, MARKT RATES,
8. Februar

Maria ist klein und dünn.
An ihren hervorstehenden Hüftknochen
könnte jemand seinen Hut aufhängen.
Sie steht in einer langen Reihe von Kühen.
Die neunte von links.

Sie hat ihr ganzes Leben angebunden
in einem dunklen, schmutzigen Stall verbracht.
Als eine von drei Kühen.
Ihr schwarz-weißes Fell ist völlig verkotet.
Ob sie sich erinnert an die Kinder,
die sie unter Schmerzen geboren hat?
Angekettet.
Umdrehen unmöglich.
Kindesentführung nach jeder Geburt.
Milchproduktion ist angesagt.
Da ist kein Platz für Kuh-Kinder.

Maria hat Durst.
Aber die Selbsttränke kann sie nicht bedienen.
Sie ist verstört und fürchtet sich zu Tode.
Geräusche, Gerüche.
Das kennt sie alles nicht.
Ein kleiner grauer Mann kommt.
Der Händler.
Ihm gehört Maria.
Grau der Anzug. Grau die Haare.
Aber rot das Gesicht. Rot vor Wut.
Irgendetwas hat ihn geärgert.

Er tritt Maria gegen das Euter.
"Du verdammte Nutte", schreit er.
Maria versucht, seinen Tritten auszuweichen.
Aber das geht nicht.
Sie ist angebunden.
Wie immer.
Ein Leben lang.

Der Rindermarkt in Rates ist die vorletzte Station
in Marias armseligen Leben.
Danach kommt nur noch das Schlachthaus.
Das war dann alles.
Oder doch nicht?

Nein, das ist nicht alles.

Maria wird gesehen.
Von Julia.
Mit den Augen der Liebe.

Maria wird berührt.
Von Julia.
Mit liebevollen Händen.

Maria bekommt einen Platz.
Im Herzen von Julia.

ITALIEN,
GEFLÜGELSCHLACHTHOF,
14. Februar

Der Fuß liegt in einer gelben Plastikkiste.
Ein einzelner Fuß.
Der Fuß ist so groß wie Teresas Hand.
Vier Zehen, dicke Hornhaut, helle Krallen, schwärzliche Narben.
Der Fuß hat einmal zu einem Tier gehört.
Zu einer Pute.

Wo kam sie her?
Wie war ihr Leben?
Wer hat ihr den Fuß abgerissen?
War es Absicht oder ein Unfall?
Hat es sehr weh getan?
Oder war sie schon tot?

Immerhin war ja noch ein zweiter Fuß da,
mit dem sie am Fließband aufgehängt werden konnte.
Gut für die Schlachter.

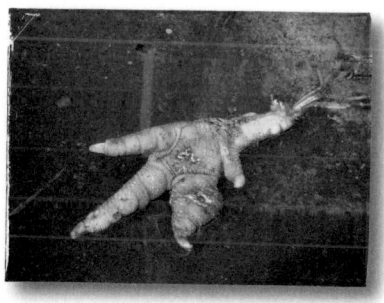

Ein Fuß im Dreck.
Weggeworfen.
Niemand hat die Pute,
zu der dieser Fuß gehörte,
jemals mit den Augen der Liebe angesehen.
Niemand hat sich für sie interessiert.
Für ihre Freuden und Ängste.
Für ihr Wohlbefinden.
Was von ihr übrig bleibt,
sind 15 kg Putenfleisch.
Und dieser Fuß.
Teresa hat ihn fotografiert.
Wieso?
Es ist doch nur ein armseliger Fuß.
Teresa sieht mehr als nur den Fuß.
Sie sieht einen großen weißen Vogel
mit rotem Kamm
und dunklen Augen.
Sie sieht Frau Pute.
Mit den Augen der Liebe.

Teresa nimmt den Fuß vorsichtig in die Hand
und schiebt ihn unter einen Stein.
Beerdigung.

AUSTRALIEN, MIDLAND SALEYARD,
21. Februar

Sternchen liegt auf dem schmutzigen Boden.
Sternchen bewegt sich nicht.
Aber Sternchen lebt.
Grade noch so.
Sternchen ist ein Kuh-Kind.
Seine Mutter Lili hat es in der Nacht zur Welt gebracht.
Es ist auf den harten Betonboden geplumpst.
Und nun liegt es da.
Lilis erstes Kind.
Sie weiß nicht, was sie damit machen soll.
Sie ist nervös.
Sie ist aggressiv.
Sie läuft hin und her, tritt auf Sternchens Bauch.

Eliza und Trude tragen Sternchen weg.
Nun liegt es im Schatten.
Bewegungslos.
Sternchen hat ein braun-weißes kleines Gesicht.
Lange Augenwimpern.
Das Fell ist nass von der Geburt und verklebt nun in der Hitze.
Die winzigen Hufe sind noch ganz weich.

Lili lässt sich nicht melken.
Trude fährt los, um Ersatzmilch zu besorgen.
Eliza bleibt bei Sternchen sitzen.
Unter einem Eukalyptusbaum.

Wird es gelingen, Sternchens Leben zu erhalten?
Wofür?
Dass dieses Kind verladen wird,
auf einen kotverschmierten Anhänger,
getrennt von seiner Mutter, die es nicht haben will?

Wird es gelingen, Sternchens Leben zu erhalten?
Wofür?
Dass Sternchen zu einer stolzen starken Kuh heranwächst,
die dann später auf einen LKW verladen wird,
der zum Schlachthof fährt?

Sternchens erste Lebensstunden sind schmutzig, grau und heiß.
Sternchens erste Lebenserfahrungen sind Durst und Schwäche.
Aber neben Sternchen sitzt ein Engel im Dreck.
Ein Engel in dunkelblauem T-Shirt und alten Jeans.

Eliza sitzt bei Sternchen auf der roten Erde Australiens.
Ein Foto darf sie nicht machen.
Streng verboten.

Aber die Augen der Liebe, die kann keiner verbieten.
Sternchens Bild ist gespeichert.
Für immer.

In Elizas Herz.

ITALIEN,
GRENZSTATION GORIZIA,
4. März

Das braune Fohlen ist seit 21 Stunden im Transporter.
Als die anderen 29 Pferde ausgeladen werden,
versucht es verzweifelt aufzustehen.
Nur nicht allein zurückbleiben!
Mühsam schafft es sich hoch.
Humpelt auf drei Beinen die Laderampe des LKW herunter.
Und fällt sofort wieder hin.
Das linke Hinterbein hängt schräg in der Luft.
Nur gehalten von der Haut und ein paar Muskeln.

Julia verhindert den Weitertransport nach Süditalien und verlangt,
dass Valentin sofort getötet wird.

Ein Arbeiter kommt.
Er setzt den betäubenden Bolzenschuss.
Da klingelt sein Mobiltelefon.
Der Arbeiter nimmt den Anruf an
und beginnt eine ausführliche Unterhaltung.
Statt den tödlichen Schnitt zu setzen.
Die Zeit zwischen Betäubung und Tötung ist viel zu lang.
Das braune Fohlen wird geschüttelt vom Todeskampf.
Der Arbeiter telefoniert.
Für ihn ist der Tod eines Pferdes kein wichtiger Vorgang.
Das hält nur den Betrieb der Grenzstation auf.
Das Leben von Valentin ist hier nichts wert.

Wirklich nichts?

Julia kniet bei dem toten Fohlen aus Rumänien,
im Staub neben dem Verbrennungsofen.
Sie streicht ihm die Stirnlocke zwischen die Augen.
Dann legt sie das gebrochene Hinterbein
sorgsam gerade gerichtet neben das gute.

ALBANIEN,
ZOO IN TIRANA,
15. März

Ich wollte nicht nach Albanien.
Wirklich nicht.
Aber nun bin ich da.
Sr. Bernadette hat mich gebeten zu kommen.
Sie ist katholische Ordensschwester
und arbeitet in einer Missionsstation in den Bergen.

Sr. Bernadette erzählt.
Von Männern, die nicht aus dem Haus zur Arbeit können.
Von Jungen, die nicht zur Schule gehen.
Lebensgefahr.
Blutrache.
Die Familien müssten verhungern ohne das Essen
aus der Missionsstation.
Die Kranken würden sterben ohne die Pflege
der Ordensschwestern.
Folgen der Blutrache.

Sr. Bernadette erzählt.
Von 700 Broten.
In jeder Nacht gebacken.
Für die Flüchtlinge aus dem Kosovo.
Über 30.000 Brote haben die Schwestern verteilt.
Am Grenzübergang.
Nacht für Nacht.
Wochenlang.
Brot des Lebens.
Irgendwann hatten sie dann kein Mehl mehr.

Sr. Bernadette erzählt.
Von Hunden, die sie füttert.
Und von Katzen, die sie gesund pflegt.
Von einem kleinen Kalb, das sie mit der Flasche aufgezogen hat.
Und von den Tieren im Zoo in Tirana,
die sie einmal im Monat besucht.
Helfen kann sie keinem.
Aber alle vier Wochen sieht sie die Gefangenen an.
Mit den Augen der Liebe.

Wir laufen durch den Zoo.
Sr. Bernadette und ich.

Ein Adler hockt mit gebrochenem Flügel am Boden.
Daneben ein Bussard.
Und noch ein Adler.
Er breitet seine Flügel aus.
Der Platz reicht nicht zum Fliegen.
Nur für ein klägliches Gehoppel auf einen Ast im Käfig.
Dort sitzt er und sieht blicklos zum weiten Himmel
jenseits des Maschendrahtes.
Ein Himmel, den er niemals mehr bewohnen wird.

Ein Dachs mit gebrochenen Rippen,
die weiß aus dem Fell herausstehen.
Ein Füchslein mit verfilztem Fell,
offensichtlich schwer krank.
Eine Wildkatze, zusammengerollt zu einem grau-schwarzen Ball.
In einem alten Vogelkäfig.

Zwei Löwen, völlig ohne Anteilnahme an irgendetwas.
Gefangen in weiß gekachelten Wänden.
Und auf hartem Beton.

Ein Wolf mit irren Augen.
Fünf Schritte nach rechts.
Fünf Schritte nach links.
Unablässig rennt er hin und her,
weiter und weiter und weiter…

Zwei junge Bärenmädchen im leeren gekachelten Käfig.
Nichts zu spielen, nichts zu entdecken.
Tödliche Langeweile.
Sr. Bernadette hat Obst und Nüsse für sie mitgebracht.
Versteckt in einem durchlöcherten Holzklotz.
Die Leckerei sorgt so auch für Beschäftigung.

Wir verhandeln mit der Zoodirektorin.
Über eine Euthanasie für den Dachs.
Und für den verletzten Adler.
Über einen größeren Käfig für die Wildkatze.
Über Spielzeug für die Bärenmädchen.
Nichts zu machen.
Absolut nichts.

Aber sie erzählt uns voller Stolz,
die Zoodirektorin,
dass Fuchs und Dachs und Adler,
Bussard und Wolf und Katze
Wildfänge sind.
Aus der Freiheit der Berge hierher gebracht.
In diesen häßlichen, schmutzigen Zoo,
der so abgelegen und so schwer zu erreichen ist,
dass keine Besucher kommen.
Die Zoodirektorin ist stolz auf diese Ansammlung von Elend
und hofft auf mehr Besucher.

Ich sehe Sr. Bernadette an.
Im schwarzen Tuchmantel über dem Ordenskleid steht sie da.
Ein weißer Kragen schließt die graue Bluse.
Ein weißer Rand hält die graue Schwesternhaube fest.
Ihre Hände sind rauh und verarbeitet.
Ihre Augen haben alles schon einmal gesehen,
was Menschen Menschen antun,
was Menschen Tieren antun.

Jetzt sieht Sr. Bernadette mich an.
Mit den Augen der Liebe.
Sie sieht direkt in mein Herz.
Wo alles aufgehoben ist,
die Verzweiflung des Wolfes,
die Resignation der Löwen,
die verlorene Kindheit der Bärenmädchen,
die Hoffnungslosigkeit der Adler,
das Elend von Dachs und Wildkatze.
Und die Fürsorge des Bussards,
der mit seinem Schnabel ganz zart über den Hals
des verletzten Adlers streicht.
Sr. Bernadettes Augen der Liebe trösten mich.

PS:
Ein Jahr später können die beiden Bärenmädchen umziehen.
Wir haben ein Gehege mit Höhle für den Winterschlaf gebaut
und einen kleinen Teich zum Baden.
Adler, Bussard, Löwen und Wolf sind immer noch in der Hölle.
Weiß gekachelt und betoniert.

Fünf Jahre sind seitdem vergangen.
2000 Tage und Nächte.
48.000 Stunden.
Eine Ewigkeit.

USA, ELEPHANT SANCTUARY TWO TAILS RANCH, WILLISTON, FLORIDA,
30. März

Luke hat mir ein Bild gemalt.
Und es hat ihm Spaß gemacht.
Das war deutlich zu sehen.

Luke ist ein Elefantenbulle.
Für den Circus taugt er nicht mehr.
Nun lebt er hier auf der Ranch.
Ein glücklicher Elefant.

Wenn Patricia ihn bittet,
stellt er sich auf die Hinterbeine,
den Rüssel hoch erhoben.
Eine graue Masse Tier direkt neben mir,
dem winzigen Menschlein.

Wenn Patricia ihn bittet,
dann greift er mit dem Rüssel einen dicken Pinsel,
tunkt ihn in verschiedene Farbtöpfe
und kleckst fröhlich drauflos.

Luke mag Besucher.
Ein großes Problem in Elefantenstationen ist die Langeweile.
Besucher sind unterhaltsam.
Deshalb mag Luke Besucher.

Im kleinen Elefantenmuseum sammelt Patrica alles
rund um den Elefant.
Auch schreckliche Dinge.

Ich betrachte einen Elefantenfuß,
fünf schwarze Fußnägel,
graue rissige Haut.
Der Fuß war ein Papierkorb.
Nun steht er hier im Museum.

Ich wende mich ab.
Da legt Patricia den Finger auf die Lippen und winkt mich näher.

Im Elefantenfuß ist ein Vogelnest.
Eine schwarze Amsel sitzt auf ihren Eiern.
Es hat etwas Versöhnliches, wie sie da brütet.
Das neue Leben ist schon unterwegs.
Im alten Tod.

USA, CHINO VALLEY, KALIFORNIEN,
5. April

Chino Valley ist ein Tal bei Los Angeles.
In 300 Betrieben leben hier 350.000 'Milch'kühe.
Und ihre Kälber.

Auf dem Gelände einer einzigen Farm
sind 100.000 Kuh-Kinder eingesperrt.
In endlos langen Reihen von Bretterboxen.
Sie können sich nicht umdrehen
oder am Rücken kratzen.
Sie können nur aufstehen.
Und sich hinlegen.

Das Tal ist völlig verseucht von Gülle.
Gülle in langen Gräben.
Gülle in Teichen.
Gülle in der Luft.
Kot und Gülle kniehoch in den Pferchen.

Immer wieder liegt ein totes Kalb am Weg.
Oder eine tote Kuh.

Chino Valley ist ein Ort der Hoffnungslosigkeit.
Ein Ort von solcher Finsternis,
dass sogar die Sonne Kaliforniens hier keine Chance hat.
Das millionenfache Leid der Tiere hängt über dem Tal
wie ein schwarzes Tuch.

Wir sitzen bei Starbucks.
Wir schreiben auf kleine blaue Zettel.
In unserer schönsten Schulhandschrift.
Wir sehen euch mit den Augen der Liebe.
Jeden Zettel stecken wir in eine verschließbare Plastiktüte.
Dabei trinken wir Kaffee.
Es dauert eine Stunde.

Dann fahren wir durch Chino Valley.
Jeden einzelnen Weg fahren wir entlang.
In der Länge.
Und in der Breite.
An den Kreuzungen der Staubpisten halten wir an.
Wir verstecken unsere blauen Plastiktüten-Zettel.
Hinter der Rinde eines Baumes.
Unter einem Stein.
In der trockenen Erde Kaliforniens.

Wir sind wie unsichtbar.
Kein Sheriff hält uns an.
Niemand beschimpft und bedroht uns.
Kein Farmer holt das Gewehr raus.
Wir sind wie unsichtbar.
Einen ganzen Tag lang.

Wir filmen die Geburt eines Kindes.
Der Arbeiter legt es auf eine Schubkarre,
winzig und noch ganz nass.
Er fährt es weg.
Die Mutter rennt neben der Schubkarre her
und schreit und schreit und schreit…

Wir fahren acht Stunden lang durch Chino Valley.
Wir fahren 150 km in Chino Valley.
An der letzten Ecke des letzten Weges
verstecken wir die letzte Tüte.
Die kleinen blauen Zettel haben genau gereicht.
Als hätten wir sie abgezählt.
Unsere kleinen blauen Zettel gegen die Macht des Bösen.
Unsere kleinen blauen Zettel gegen die Hoffnungslosigkeit.
Und wenn ihr von allen verachtet werdet,
wir sehen euch mit den Augen der Liebe.

In der Nacht träume ich.
Von Chino Valley.
Ich träume von einem goldenen Netz über dem Tal.
Ein goldenes Netz aus Liebe.
Ausgespannt über den Kühen und ihren Kindern.
Die Knotenpunkte in diesem Netz sind goldene Sterne.
Die Knotenpunkte in diesem Netz sind unsere kleinen blauen Zettel,
auf denen steht:
Wir sehen euch mit den Augen der Liebe.
In unserer schönsten Schulhandschrift.

USA, AUKTION ESCALON, KALIFORNIEN, 10. April

Der Markt findet dreimal in der Woche statt.
Ich stehe auf dem Catwalk über den Stallanlagen.
Ich beobachte, wie brüllende Arbeiter auf Tiere losgehen.
Brutale Tritte ins Gesicht.
Perverse Zugriffe im Genitalbereich.
Elektroschocks auf die Weichteile.
Der Markt findet dreimal in der Woche statt.
Einhundertundfünfzig Mal im Jahr.

Ich stehe auf dem Catwalk und ich sehe sie alle,
Ziegen mit abgeschnittenen Ohren,
Kühe, deren blutige Euter über den Boden schleifen,
Kälber, noch nass von der Geburt,
mit langer Nabelschnur am kleinen Bauch,
völlig verwirrte und verzweifelte Zicklein ohne Mütter,
Schweine mit blutiger Vagina,
vor Schmerzen laut schreiende Bullen.
Ich sehe sie alle.

Neben mir auf dem Catwalk stehen Familien.
Väter, Mütter, Kinder.
Der Markt hat hohen Unterhaltungswert.
Und wenn ein Tier zusammenbricht unter den Schlägen,
dann grölen sie vor Lachen.
Alle.
Auch die Kinder.

Unter mir im Gang steht jetzt ein Lama.
Ein schwarzes Lama.
Es sieht zu mir hoch.
Ich sehe zu ihm runter.
Wir haben Blickkontakt.
Lange.
Wie lange?
Eine Ewigkeit.

Du musst was dagegensetzen,
sagen die dunklen Augen in dem schmalen Gesicht.
Du musst die Energie verändern.
Ich kann nicht,
sage ich zurück. Ich kann nicht…
Du musst,
sagen die dunklen Augen,
es ist keiner sonst da…

Aber mir fällt nichts ein.
Nur der 23. Psalm.

Der Herr ist mein Hirte, mir wird nichts mangeln...
Diese Tiere hier haben keinen Hirten.

Er weidet mich auf einer grünen Aue
und führet mich zum frischen Wasser.
Diese Tiere hier haben seit gestern nichts gegessen
und nichts getrunken.

Und ob ich schon wanderte im finsteren Tal fürchte ich kein Unglück.
Unter mir werden schreiende Ferkel
mit Elektroschlägen traktiert.

Denn du bist bei mir, dein Stecken und Stab trösten mich.
Niemand ist bei diesen Tieren,
niemand verteidigt sie,
niemand tröstet sie.

Gutes und Barmherzigkeit werden mir folgen mein Leben lang.
Unter mir wird das Lama weggezerrt.
Es sieht mich noch einmal an,
aus dunklen, ruhigen Augen.

Und ich werde bleiben im Hause des Herrn immerdar,
sagen diese Augen.

Wir haben Vogelfutter besorgt.
Weil es schnell keimt.

Dann sind wir um das riesige Auktionsgelände herumgelaufen.
Wir haben Vogelfutter ausgestreut.

Wir haben Hoffnung gesät.
Heute ist Karfreitag.

Wir haben Hoffnung gesät.
Wann ist Ostern?

Wir haben Hoffnung gesät.
Wann keimt die Saat?

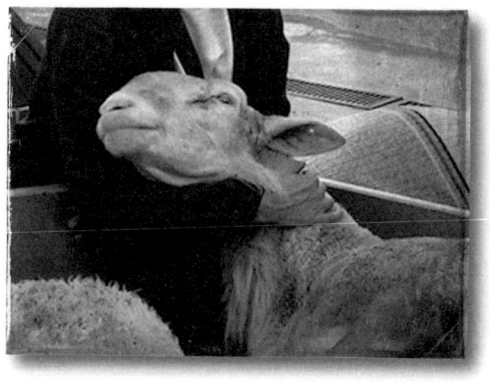

PORTUGAL, RATES,
12. April

Die Hundeparty ist in vollem Gang.
Julia und Alberto haben Hundefutter und Wasser gekauft.

Sie warten auf einen Transporter mit Kühen.
Und in der Zwischenzeit geben sie ein Fest
für die Straßenhunde in Rates.

Kühles Wasser aus einer sauberen Metallschüssel,
der kleine schwarz-weiße Pedro findet das so schön,
dass er gleich den ganzen Kopf untertaucht.

Die große gelbe Maria mit dem schlecht verheilten Bruch
am linken Hinterbein schlingt das Dosenfutter hinunter
und schleudert wachsame Blicke nach rechts und links.
Aber keiner will ihr was nehmen.
Es ist genug für alle da.

Hernandez schleckt seinen Napf aus und sieht fragend zu Julia:
Gibt es eventuell noch einen Nachschlag?

Hundeparty an einem sonnigen Frühlingsnachmittag in Rates.
Wer satt ist, rollt sich unter die staubigen Büsche
zu einem Verdauungsschläfchen.

Julia und Alberto sitzen auf den warmen Steinen
einer kleinen Mauer und freuen sich an dem Anblick.

Das ist ein so seltener glücklicher Augenblick.
Die Augen der Liebe ruhen sich aus.

ITALIEN, SCHLACHTHOF TERLIZZI,
15. April

Der Braune war Marianne sofort aufgefallen.
In der Versorgungsstation in Ungarn.
Ein schweres Arbeitspferd.
Schwarze Mähne.
Weißer Fleck auf der Stirn.
Hellwache intelligente Augen.
Marianne hatte sich mit ihm angefreundet.
In der Versorgungsstation in Ungarn.

Im Stall des süditalienischen Schlachthofs trifft sie ihn wieder.
Mit dem Kopf zur Wand,
viel zu kurz angebunden,
steht er da.
In einer Reihe mit 14 anderen Pferden.

Marianne versteckt sich hinter einer Säule.
Aber er hat sie schon gesehen.
Ein großer Huf klopft auf den Betonboden.
Komm zu mir!,
heißt das.

Marianne bleibt hinter der Säule.
Der Braune klopft weiter.
Komm zu mir, ich brauch dich!
heißt das.

Marianne geht zu ihm hin.
Er schmiegt das weiche Maul in ihre Hand.
Marianne sieht ihn an mit den Augen der Liebe.
Das ist alles, was sie für ihn tun kann.
An diesem letzten Tag seines Lebens.

ITALIEN, BARI,
21. April

Ein kleines Lamm.
Wollig und weiß.
Knapp drei Wochen alt.
Es schläft und zappelt im Traum.
Es trinkt.
Kleine Tropfen Milch laufen ihm aus dem Mäulchen.
Mit großen Sprüngen saust es über die grüne Wiese.
Und bei lauten Geräuschen versteckt es sich blitzschnell
unter dem Bauch der Mutter.

An einem Freitag wird es von groben Händen gepackt.
Die zusammengebundenen Beine tun ihm weh.
Es stinkt nach Benzin.
Es ist dunkel.
Hin und her rollt es im Kofferraum.
Vor und zurück.
Nirgends ein Halt.
Das Lamm macht ein Bächlein vor Angst.

Plötzlich grelles Licht.
Das Lamm wird auf den Boden gelegt.
Im Metzgerladen.
Mit einer Schleife um den Hals.
Italiens Farben.
Grün wie die Wiese, auf der es geboren wurde.
Weiß wie das weiche Fell seiner Mutter.
Rot wie Blut.
An der Schleife baumelt verloren eine Christbaumkugel.

Das Lamm zittert vor Angst.
Es kauert sich zusammen.
Unter den zerstückelten Körperteilen anderer Lämmer,
die von großen Haken hängen.
Hier soll es warten.
Auf einen Käufer.
Auf einen Christen.
Auf jemanden, der die Auferstehung von Gottes Sohn feiern will
mit dem Tod dieses Kindes.

Aber der kommt nicht.
Nein, an diesem Karfreitag kommt er nicht.
Stattdessen kommen zwei Menschen.
Zwei, die das Lamm loskaufen.
Zwei, die es wegtragen auf ihren Armen.
Zwei Menschen, die sich nicht stören
am Gestank von Urin und Durchfall.
Zwei Engel, hinabgestiegen in das Reich des Todes.
So wird das Gotteslamm gerettet.

Am Abend finden in Bari die Karfreitagsprozessionen statt.
Aus allen Kirchen der Stadt werden die Heiligenstatuen geholt.
Die Jünger Jesu.
Die Mutter Maria.
Der gekreuzigte Heiland.
Das Lamm Gottes ist auch dabei.
Die beiden Engel tragen es mit in der Prozession.
Es hat immer noch die bunte Schleife um.
Und die Christbaumkugel.

Die Menschen, die Christen drehen sich um:
Wer ist das?

Die Engel antworten:
Das Lamm Gottes.

Wo kommt es her?
Aus der Hölle.

Wo bringt ihr es hin?
Zum Heiligen Franz nach Assisi.

Die Menschen wundern sich über diese Worte.
Und über das auferstandene Gotteslamm
in der Karfreitagsprozession
durch die Straßen der Stadt Bari.

PS:
Das Lamm wurde von den Engeln
in die Tierherberge nach Assisi gebracht.
Und weil es nicht gestorben ist,
lebt es dort heute noch.

BULGARIEN,
GRENZE ZUR TÜRKEI BEI KAPIKULE,
1. Mai

Es ist Sonntagmorgen im Niemandsland.
Zwischen Bulgarien und der Türkei stehen 20 Transporter.
In einer Warteschlange.
Sie kommen aus Österreich und Litauen.
Sie kommen aus Holland und Deutschland.
Sie kommen aus Ungarn und Bulgarien.

Sie haben Tiere geladen.
Schweine.
Kälber.
Kühe.
Bullen.
Lämmer.
Schafe.

Einige Tiere sind seit 72 Stunden auf dem Fahrzeug.
Sie stehen in einer stinkenden Brühe aus Urin und Kot.
Manche können nicht mehr stehen.
Dann liegen sie in einer stinkenden Brühe aus Urin und Kot.
Verlorene Tiere.
Im Niemandsland.

Die Fahrer warten.
Auf einen Platz am einzigen Wasserschlauch.
Eine halbe Stunde Wasser kostet fünf Euro.
Die Fahrer warten.
Auf die Abfertigung durch Zollbeamte und Tierärzte.
Die Fahrer rauchen und warten.
An diesem Sonntagmorgen.
Im Niemandsland.

Christine und Teresa gehen an den Fahrzeugen entlang.
Sie sehen hinein.

Da gibt es Tränken in den LKWs,
die kein Tier bedienen kann.
Sicherheitszugänge, die nicht aufgehen.
Transporter mit viel zu vielen Tieren an Bord.
Schmerzhaft gekrümmte Rücken,
weil die Deckenhöhe nicht stimmt.
Mäuler, die Gitterstäbe ablecken.
In verzweifeltem Durst.
Vom Durchfall verklebtes Fell.
Und ein totes Lamm.

Ein Bulle ist ausgerutscht und hingefallen.
Dann hat er verzweifelt versucht, wieder hochzukommen.
Dabei ist er mit dem Kopf unter die Trennwand geraten.
Jetzt liegt sein großer weißer Kopf
in der stinkenden Brühe aus Urin und Kot.

Christine und Teresa sprechen mit übernächtigten,
überforderten Fahrern.
Sie gehen den Grenztierärzten auf die Nerven.
Und den Zollbeamten.
Sie bewegen sich im Niemandsland, als gehörten sie dahin.

Der Transporter aus Litauen hat Kälber geladen.
Auf drei Ebenen.
230 kleine Tierkinder.
Die Ventilation ist eingeschaltet.
Die Kälber liegen auf sauberem Stroh.
Der Fahrer hat sie unterwegs versorgt.
Jetzt wartet er wie alle andern auf die Abfertigung.

Auf diesem LKW entdeckt Christine den kleinen Ivan.
Er ist schokoladenbraun
und liegt platt auf der Seite.
Mit unnatürlich weggestrecktem Kopf.
Die gelbe Plastikmarke im rechten Ohr steht ab
wie ein SOS-Zeichen.
Ivan geht es nicht gut.

Teresa holt den türkischen Grenztierarzt.
Der sieht sich das Kalb an.
Dann wird der Transporter durchgewinkt.

Die Fahrer bekommen ihre Pässe.
Ivan liegt immer noch platt auf der Seite.
Aber nun kann der Transporter wenigstens weiterfahren.

Christine gibt den Fahrern ihre Telefonnummer.
"Bitte, benachrichtigen Sie uns, wie es Ivan geht", sagt sie.
Die Fahrer verstehen nur Litauisch…

Dann gehen Christine und Teresa weiter
an den langen Reihen der LKWs entlang.
Sie helfen füttern und tränken.
Sie verhandeln und fordern.
Sie sehen genau hin.
Und sie halten die Blicke aus.
Die Blicke der verratenen Tiere.

PS:
Lange nach Mitternacht klingelt Christines Mobiltelefon.
Sie kann nur zwei Sätze verstehen.
"Lithuanian drivers" und "animal o.k."
"Dann ist Klein Ivan wohl wieder aufgestanden",
sagt sie zu Teresa.

SCHOTTLAND, AUKTIONSHALLE PERTH, 17. Mai

Heute werden 600 'Schlacht'schafe versteigert.
Viele sind noch gar keine Schafe.
Viele sind erst Lämmer.

Die Händler greifen mit der Hand in das Fell.
Qualitätskontrolle für die Steaks.
Panik bei den Schafen.

Ein Lamm versucht über die Absperrung zu springen.
Es knallt gegen die Metallwand.
Fällt auf den Rücken.
Bleibt liegen.

Nun kommt ein einzelnes Tier in den Ring.
Ein kleiner Bock.
Stockstill steht er da.
Die kurzen schwarzen Beine in den Boden gerammt,
starrt er aus grünlichen Augen die Männer an.

High in the misty highlands out by the purple islands.
So heißt es in der schottischen Nationalhymne.
Da kommt dieser kleine Bock her.
Von Skye oder Mull oder Lewis.
Brave are the hearts that beat beneath Scottish skies.
Dieser kleine Bock hat ein tapferes Herz.
Gerade aufgerichtet sieht er sie an,
die Männer, die ihn gleich packen werden
Land of the shining river, land of my heart forever.
Das ist auch seine Herzensheimat.
Eine Heimat, die er niemals wiedersehen wird.
Verraten und Verkauft.
Scotland the Brave?

PS:
Die schottischen Schafe und Lämmer wurden alle
nach Athen transportiert.
Das sind 3600 km auf der Straße.
Dazu kommt die 20 Stunden dauernde Überfahrt
vom Hafen Bari in Italien nach Igoumenitsa in Griechenland.
Ob der kleine tapfere Bock das überlebt hat,
konnte ich nie erfahren.

Aber –
wenn ich mich mal sehr fürchte,
dann halte ich mir sein Bild vor Augen,
wie er da stand:
Braveheart –
die Schaf gewordene Tapferkeit.

ITALIEN, AUTOBAHN BEI GENUA,
29. Mai

Die Blumenautobahn führt entlang der Cote d'Azur nach Italien.
Auf dem Mittelstreifen blühen Oleander, rot, rosa, weiß.
Unterhalb schimmert blau das Mittelmeer.
Wir stehen auf einem kleinen Parkplatz kurz vor Genua.
Es ist acht Uhr früh und es regnet.
Der Gestank der Abgase beißt in der Nase.
Der Motorenlärm dröhnt in den Ohren.
Aber ab und zu höre ich dann doch hinter mir die Zikaden zirpen.

Gestern haben wir elf Stunden gewartet.
Auf einen ganz bestimmten Pferdetransporter aus Spanien.
Wir haben die Stecknadel im Heuhaufen tatsächlich gefunden...
...und in Südfrankreich wieder verloren.

Nun haben wir kaum eine Chance,
diesen Transporter noch einmal zu finden.
Aber wir wollen es wenigstens versuchen.
Deshalb warten wir hier.

John und Eliza sitzen am Rand der Autobahn unter der Leitplanke.
Zwischen Coladosen und Zigarettenschachteln.
Im letzten Dreck.
Ganz unten.
Wie die Tiere.

Aber von hier haben sie die beste Sicht
auf die heranfahrenden LKWs.
Wir sparen wertvolle Sekunden,
wenn sie den Transporter möglichst früh erkennen.

Da plötzlich – ein heller Ton.
Er schwingt sich über das Dröhnen der Motoren
und hängt glockenklar in der Luft.
Eliza lacht.
Aus ganzem Herzen.
Und Johns tiefe Stimme fällt ein.
Die beiden sitzen da jetzt seit sieben Stunden.
Völlig verdreckt, vergiftet von Abgasen,
überzogen mit einer Staubschicht.
Und sie können immer noch lachen.

Ich sehe hin zu John und Eliza.
Mit den Augen der Liebe.
Und ich weiß auf einmal ganz sicher:
Dieses Lachen ist unsere Stärke.
Dieses Lachen macht uns unbesiegbar.

Der Fahrer des LKW hat uns ausgetrickst
an der Raststätte in der Provence.
Aber wir werden wiederkommen.

Weil wir im Herzen die Bilder der verlorenen Pferde haben.
Die braunen, hellen und dunklen Köpfe.
Die neugierigen, ängstlichen, erwartungsvollen Kinderaugen.
Die viel zu schweren Pferdekörper.
Fett gefüttert mit Abfallmolke der Milchproduktion.
Zum Sterben nach Italien geschickt.
Wir haben sie gesehen.
Mit den Augen der Liebe.

Nach zehn Stunden Warten geben wir auf.
15.700 PKWs und LKWs sind an uns vorbeigerauscht.
Ich höre immer noch das ununterbrochene Dröhnen der Motoren.
Aber dazwischen klingt ein Lachen, ein helles und ein tiefes….
Ja, wir werden wiederkommen.
Ganz bestimmt.

Der große schwarze Wallach ist erst zehn Jahre alt.
Er sieht aus wie 30.
Das Fell ist stumpf und staubig.
Dürre Stachelzweige hängen in der verzottelten Mähne.
Große Stücke sind aus den Hufen rausgebrochen.
Der Rücken ein Hohlkreuz.
Der Schweif eine verfilzte Masse.
Der Kopf hängt bis zum Boden.
Die Augen sind müde.
So steht er angebunden neben dem LKW.
Bald ist Verladung, dann Abtransport.

Der große schwarze Wallach wurde schon
mit zwei Jahren zum Arbeiten gezwungen.
Richtig beigebracht hat ihm niemand,
wie das so geht mit Pflügen, Mähen und Holzabschleppen.

Auch in den alten hölzernen Leiterwagen
wurde er einfach eingespannt und los ging es.
Als Gebiss diente eine Fahrradkette,
sein Geschirr war zusammengestückelt
aus Stricken und alten Lederteilen.
Das Zaumzeug passte nicht auf den großen Kopf.

Der große schwarze Wallach lernte schnell.
Er machte, was verlangt wurde.
Aus den blutig aufgescheuerten Wunden
an Rücken, Brust und Kopf wurden große Narben.
Und irgendwann tat es dann nicht mehr weh.

Der große schwarze Wallach gehörte drei Bauern.
Sie konnten sich zusammen grade ein Pferd leisten.
Keinen Schmied.
Keinen Tierarzt.
Kein Kraftfutter.

Der große schwarze Wallach musste jeden Tag arbeiten.
Auch sonntags.
Im Sommer auf dem Feld.
Im Winter im Wald.

Und das ganze Jahr zog er den hölzernen Leiterwagen.
Zum Einkaufen in die Kleinstadt.
Zum Bürgermeister.
Zum Doktor.
Zur Kirche.

Das war sein Leben.
Jetzt ist er fertig.
Er kann nicht mehr.

Marek holt seinen kleinen roten Traktor und den Pferdeanhänger.
Vorsichtig führt er Wojtek hinein.
Dann fahren wir drei Kilometer bis zu seinem Hof.
Wojtek kommt in eine große Pferdebox mit viel Stroh.
Wir füttern ihn mit warmem Brei und tränken ihn.
Wir kämmen Mähne und Schweif.
Wir säubern die verklebten Hufe und ölen sie ein.

Der Tierarzt kommt.
Diagnose: völlig überarbeitet, sehr schwache Herztöne.

Wojtek sieht uns nicht an.
Wir sind ihm nicht wichtig mit unserer Mühe.
Unsere Liebe will er nicht.
Er steht einfach so da und lässt uns machen.
Er hat die Menschen alles machen lassen.
Immer.
Mit ihm.
Mit seinem Leben.
Mit seinem einen PS.

Am nächsten Tag bricht Wojtek in der Box zusammen.
Herzinfarkt.
Wir waren zu spät.

USA, AUKTION NEW HOLLAND, PENNSYLVANIA, 19. Juni

Livestock Auction in New Holland.
Ein wöchentlicher Alptraum.

Heute sind es 35 Grad C.
Es gibt kein Wasser in den Schweineställen.
Wir kaufen Wasser in Flaschen.
Der Tropfen auf dem heißen Stein.
Aber immerhin.
Wir reiben Köpfe mit einem feuchten Tuch ab.

Die Arbeiter sind extrem brutal.
Tritte und Schläge ins Gesicht der Tiere.
Elektrotreiber werden erbarmungslos im Genitalbereich eingesetzt.
Obwohl die völlig verstörten Tiere ohnehin alles machen,
was verlangt wird.

Sarah wird an den Ohren in den Auktionsring geschleift.
Dort bricht sie zusammen und bleibt auf der Seite liegen.
Zwei Beine sind offensichtlich gebrochen.
Auch das dritte steht in einem unnatürlichen Winkel ab.
Sie kann nicht aufstehen.
Elektrotreiber. Tritte. Schläge. Geschrei.
Sie kommt nicht hoch.
Es geht wirklich nicht.
Im Liegen wird sie versteigert.
Keiner macht ein Gebot.

Die Auktion geht weiter.
Andere Schweine stolpern über Sarah, treten auf sie.
Der Auktionator schreit ins Mikrophon.
Schwein um Schwein wird durch den Auktionsring gehetzt.
Links rein. Rechts raus.
Sarah liegt auf der Seite und röchelt.
Sarah stirbt.
Einen öffentlichen Tod.

Ich versuche, in die Arena zu gelangen.
Mit meiner kleinen Wasserflasche und einem Hundenapf.
Die Arbeiter stoßen mich zurück.
Sarah liegt im Ring und stirbt.
Einen öffentlichen Tod.

Wir suchen den Auktions-Veterinär.
"Zu den Schweinen gehe ich nie", sagt er.
"Schweine leiden nicht", sagt er.
"Schweine sind nur Fleisch", sagt er.
Sarah liegt im Ring und stirbt.
Einen öffentlichen Tod.

Ich biete an, Sarah zu kaufen, damit sie erlöst werden kann.
Nach langer Diskussion stimmt der Marktdirektor zu.
Nun wird Sarah – wieder an den Ohren – nach draußen gezerrt.
Sie schreit ununterbrochen.
Ein greller, erbärmlicher Ton, den ich niemals vergessen werde.
Die Arbeiter machen Witze.
Grölendes Gelächter.
Sarah schreit und erbricht und pinkelt.
Dann wird sie endlich erschossen.

Als die Arbeiter weggegangen sind, decke ich Sarah zu.
Mit einer Patchworkdecke,
die ich eigentlich mit nach Hause nehmen wollte.
Aber das ist jetzt egal.
Die Arbeiter werden die Decke wegnehmen,
wenn wir nicht mehr da sind.
Aber das ist auch egal.

Sarah ist einen öffentlichen Tod gestorben.
Gequält und ausgelacht bis zuletzt.
Ich konnte ihr nicht helfen.
Aber ihren armen Körper kann ich zudecken.
Mit einem Patchwork aus Liebe.

FRANKREICH,
LANDSTRASSE BEI LAROUILLIES,
26. Juni

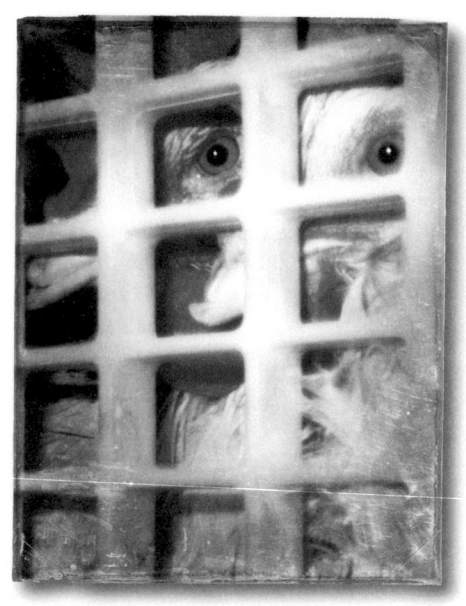

Der LKW mit zwei Anhängern fährt von Frankreich nach Holland.
Im Fahrtwind flattern weiße Federn durch die Luft.
Sie bleiben an Gräsern hängen.
Landen in Ölpfützen.

Auf dem Transporter sind 6000 Hühner aus einer Legebatterie.
In gelbe Plastikkisten gezwängt.
Armselige Gestalten.
Gebrochene Flügel.
Blutige Füße.
Nackte Haut ohne Federn.
Ein scheußlicher Anblick.
Wären da nicht die Augen.
Braune und schwarze, helle und dunkle Augen.
Ängstliche und verstörte Blicke.
Aber auch selbstbewusste und freche.
Louise und Jacqueline.
Mireille und Bernadette.

Bei der Ankunft im Schlachthof Rijssen
sind 2000 Hühner in den untersten Kisten tot.
Sie sind erstickt.
Sie wurden zerquetscht vom Gewicht der andern.

In der Tasche meiner alten Jacke habe ich eine weiße Hühnerfeder.
Zentnerschwer fühlt sie sich an.
Ich kann kaum laufen mit dieser Feder in der Tasche.
Louise und Jacqueline.
Mireille und Bernadette.
Seid ihr nun angekommen?
Mit all euren Schwestern.
Im Hühnerhimmelreich…

SERBIEN, MARKT IN RUMA,
3. Juli

Der Tiermarkt wird einmal im Monat abgehalten.
Kühe, Schweine, Schafe, Ziegen, Pferde, Esel.
Sie stehen zum Verkauf.
Sie stehen herum.
Mehr oder weniger kompetent angebunden.
500 Tiere?
700 Tiere?
So genau zählt das hier keiner.
Es ist heiß.
Wasser gibt es nicht.

Milo verbindet Wunden.
Verteilt das Wasser, das er mitgebracht hat.
Redet aufgeregten Händlern gut zu.
Fällt einem brutalen Schläger in den Arm.

In einem VW-Bus liegen sechs Ziegen und ein Hängebauchschwein
auf sauberem goldenen Stroh.
Die Tür ist offen.
Ein Ziegenbock mit langem weißen Bart und spitzen Hörnern
lugt um die Ecke.
Das schwarze Hängebauchschwein fühlt sich gestört
und protestiert mit einem lauten Quieken.
Elena sitzt in der offenen Tür und lacht.
Ein kleines braunes Zicklein schiebt den Kopf unter ihren Arm
und schubst.
Mehr Streicheln!
heißt das.

Milo holt die Kamera raus.
Eine uralte Spiegelreflex.
Er sieht durch den Sucher.
Auf seine Frau und die Tiere.
Mit den Augen der Liebe.
Dann drückt er auf den Auslöser…

PORTUGAL, HAFEN LISSABON,
6. Juli

Es ist sieben Uhr früh im Hafen Santa Apolonia, Lissabon.
Die 'Monte da Guia' ist während der Nacht eingelaufen.
Sie kommt von den Azoren
mit 20 roten Metall-Containern an Bord.
120 Bullen und Kühe haben eine Überfahrt
von mehr als 70 Stunden hinter sich.
In diesen Containern.

Aus einem Container hängt ein Bein.
Ein weißes Kuhbein mit kotverschmierter Klaue hängt da.
Einfach so.
In der Luft.
Die dazu gehörige Kuh müht sich panisch,
das Bein wieder unter Kontrolle zu bekommen.
Aber es geht nicht.
Der Winkel ist zu schräg.
Das Gitter ist zu eng.

Tomás greift ein.
Er kalkuliert den richtigen Winkel.
Er drückt die Stäbe auseinander.
Er schubst das Bein.
Ein bisschen nach hinten, ein wenig nach links.
Und dann ist es wieder da, wo es hingehört.
Unter dem Bauch der Kuh.
"Muh", tönt es aus dem rostigen Stahlkäfig, "Muh".

Im letzten Container liegt Carlos.
Der schwere rotbunte Bulle ist tot.
Den großen weißen Kopf mit den kleinen Hörnerstummeln
hat er ins Stroh gewühlt.
Lange dunkle Augenwimpern decken die leeren Augen zu.
Die anderen elf Bullen haben offensichtlich vermeiden können,
auf ihn zu treten.
Sein Körper ist unversehrt.
Carlos Tod kümmert hier niemanden.
Nicht einmal den Händler.
Die Gewinnspanne ist entsprechend kalkuliert.
Und der Hafentierarzt zuckt die Schultern.

Nur Tomás sieht den traurigen Tod.
Nur Tomás spürt die Todesangst,
die noch im Container hängt.
Nur Tomás sieht das 400 kg schwere Tier mit den Augen der Liebe.

Tomás hebt die Hand zum Gruß:
Adios, Carlos! Du hast es hinter dir…

AUSTRALIEN,
MIDLAND SALEYARD,
6. Juli

Deborah freut sich.

Bei der Beladung von vier riesigen Transportern mit Schafen
sind heute keine Elektrotreiber zu sehen.
Und in den Pferchen sind endlich wenigstens für die Rinder
funktionierende Wassertränken angebracht.
Es hat Jahre gedauert, diese kleinen Verbesserungen zu erreichen.

Deborah freut sich.

28.000 Schafe werden von hier aus auf ein Schiff verladen.
Ziel sind Schlachthäuser im Libanon, in Ägypten, in den Emiraten.
Die Überfahrt dauert drei Wochen.
In sechs Wochen sind dann alle 28.000 Schafe tot.

Auch das kleine mit dem krummen Hinterbein
und den intelligenten Augen
im ersten Pferch ganz vorne rechts…

Deborahs kleine Freude schrumpelt und stirbt.

LIBANON, SCHLACHTHOF IN BEIRUT,
7. Juli

Von der Decke hängen 15 Bullen abgehäutet an Haken.
Es stinkt nach Blut, Exkrementen und Angst.
Die Stimmen der Männer hallen.
Metall trifft knirschend auf Metall.

Ganz allein steht der große Bulle in der Metallbox
auf kaltem grauen Beton.
Er sieht auf einmal so klein aus, so armselig.
Er zittert, nein, er schlottert vor Angst.
Dann geht ein Gitter auf.
Der Bulle läuft los auf den vermeintlichen Ausgang zu.
Doch wieder ist er eingesperrt in einer Art Kiste mit hohen Wänden.
Mit aller Kraft wirft er den Kopf hoch, um über die Wände zu sehen.
Jetzt wird sein rechtes Hinterbein mit einer Kette umwickelt
und nach oben gezogen.
Höher und höher.
In Todesangst versucht er mit den Vorderbeinen
Bodenkontakt zu behalten.
Die Klauen kratzen auf dem Beton.
Vergeblich.
Er wird hochgezogen und noch höher.
Bis sein ganzes Gewicht an dem einen Hinterbein hängt.
Die Sehnen reißen.
Das Gelenk zerbricht.
Die Männer zerren an seinem Kopf, bis die Kehle bloß liegt.
Einer schneidet ihm die Kehle durch.
Hellrot spritzt Blut nach allen Seiten.
Dann werden seine Augen trüb und sein Körper hört auf zu zucken.
Wenig später hängt auch er an einem Haken von der Decke.
Als dritter von links.

Der Bulle war nur eine Nummer.
Ohrmarke DE 03 442 / 38417.
Der Bulle war nur 15 Zentner Lebendgewicht.
Das dachten jedenfalls die Händler.
Und die Metzger.
Aber die haben wie immer keine Ahnung.

Eduard kam aus Deutschland.
Eduard war einer von uns.
Wir haben wegen ihm geweint.
Wir haben ihn gesehen.
Mit den Augen der Liebe.

ITALIEN,
AUTOBAHN BEI OSPITALETTO,
8. Juli

Lucy lässt den Transporter von der Polizei anhalten.
Geladen sind ein Eselhengst,
37 hochtragende Stuten
und zwei Stuten mit neugeborenen Fohlen,
denen noch die Nabelschnur am verklebten Bäuchlein hängt.

Die Esel sind bestimmt für einen Bauernhof in Belgien.
Aus der Eselmilch werden teure kosmetische Produkte hergestellt.
Versiegt die Milch nach einigen Monaten,
werden die Stuten und die Fohlen nach Irland verkauft
und dort 'entsorgt'.
Aus Bulgarien ist 'Nachschub' jederzeit billig zu haben…

Die Polizisten überprüfen Papiere und Fahrtenbuch.
Der Fahrer raucht eine Zigarette und erzählt Lucy,
dass auf den Fahrten von Sofia nach Dufell
immer wieder Eselfohlen geboren werden.
Manche sterben auf dem Transporter.
Dann zahlt die Versicherung.
Papiere und Fahrtenbuch sind in Ordnung.
Der Transporter darf weiterfahren.

Lucy wirft einen letzten Blick in den LKW.
Und begegnet den Augen einer braunen Eselstute.
Groß und dunkel und feucht sind diese Augen.
Die Frage, die sie stellen, kann Lucy nicht beantworten…
Aber sie kann diesen Blick aushalten.
Und erwidern.
Mit ihren Augen der Liebe.

ITALIEN,
GRENZSTATION GORIZIA,
14. Juli

Christine steht auf den Zehenspitzen.
Im Inneren des Transporters ist es dunkel.
Esel sind geladen.
Von Sofia in Bulgarien nach Padua in Italien.
Kleine graue und braune Gestalten mit gesenkten Köpfen
und traurig hängenden Riesenohren.
Auch Fohlen sind dabei.
Langsam gewöhnen sich Christines Augen
von der grellen Sonne an das diffuse Dämmerlicht.

Ein Eselfohlen liegt im schmutzigen Stroh.
Tot.
Der winzige Bauch ist kotverschmiert.
In der drangvollen Überladungsenge steht ein größerer Esel
mit seinen Hinterbeinen auf dem kleinen Körper.
Dunkle, weit aufgerissene Augen sehen Christine an:
Mach was, heißt das, mach endlich was…

Christine holt den Tierarzt.
Der Fahrer muss abladen.
Die Verzögerung kommt ihm ungelegen.
Aber es sind Papiere auszufüllen.
Die Seuchenvorschriften in der EU sind streng.
Jedenfalls für tote Tiere…

Das Eselkind wird zu dem Verbrennungsofen
hinter den Stallungen gebracht.
Armselig liegt es da im Staub.

Angelo – denkt Christine und zieht die Sonnenbrille auf,
damit niemand ihre Augen sehen kann –
Angelo flieg zum Himmel, da bist du besser aufgehoben…

Und dann geht sie zum nächsten Transporter
und stellt sich auf die Zehenspitzen, um hineinzusehen…

MAROKKO,
HÄNDLERSTALL IN RABAT,
16. Juli

Der rot-silberne Transporter war 48 Stunden unterwegs.
Von Nordfrankreich durch Spanien zum Hafen Algeciras.
Dann mit der Fähre nach Tanger.

Nun steht der LKW vor Stallungen in einem Vorort von Rabat.
Die 32 Ponys sind nicht einmal mehr unruhig.
Braune, dunkle und helle Köpfe hängen bis zum Boden.
Das Fohlen liegt platt auf dem kotverschmierten Boden.
Ein Fuchs und ein Schecke halten sich gegenseitig aufrecht.
Immerhin scheinen noch alle zu stehen.

Eine völlig übermüdete Julia sieht zum letzten Mal
durch die Gitterstäbe auf dieses Häuflein durstiges,
erschöpftes Elend...
Es war eine furchtbare Fahrt.

Da wird sie von hinten am Kragen ihrer Jacke gepackt
und einfach hochgehoben.
Der angetrunkene Händler, bisher ganz umgänglich,
ist offenbar ausgerastet.
Er schreit und schüttelt Julia.
Erst als die Stallarbeiter sich einmischen, lässt er von ihr ab,
läuft taumelnd zu einem Zwinger in der Ecke des Hofes
und lässt die Hunde los.
Julia springt in ihr Auto und verschließt die Tür.
Sie ist nicht verletzt, nur erschrocken.

Und sie macht sich Sorgen.
Um die 32 Ponys aus Holland.
Verschleppt nach Afrika.
Ausgeliefert.
Heimatlos.

SLOVENIEN, HAFEN KOPER,
16. Juli

Die Stallungen sind riesig.
Grün gestrichene Metallstangen
teilen die 1018 Bullen in Kleingruppen.
Trotzdem bespringen sie sich gegenseitig.
Angst und ein Überschuss an Energie nach Tagen auf den LKWs
aus Deutschland, Frankreich, Ungarn und Holland
führen zu 'Übersprungs'handlungen.

Draußen im Hafen ankert die 'Karim Allah'.
Sie fährt unter libanesischer Flagge
und wird die Bullen nach Beirut bringen.

Wilhelm hat die Ohrmarke DE 03 490 / 56682.
Wilhelm wiegt 659 kg.
Wilhelm kommt aus Deutschland,
gehört einer französischen Handelsgruppe
und soll im Libanon ohne Betäubung geschlachtet werden.

Wilhelm wurde während des Transports verletzt
und konnte grade noch so in die Halle humpeln.
Jetzt kommt er nicht mehr hoch.
Der Hafentierarzt ordnet die Euthanasie an.
Wilhelm hat Glück gehabt.
Für ihn ist das Elend hier zu Ende.

Die anderen 1017 Bullen werden abtransportiert.
In die Schlachthäuser von Beirut und Umgebung.

Brigitte steht im Hafen und beobachtet die Verladung.
Die Bullen werden in endloser Reihe über die Treibgänge
in die Decks des Schiffes getrieben.
Die Verladung dauert fast den ganzen Tag.
1018 Bullen minus Wilhelm.
Für Wilhelm zahlt selbstverständlich die Versicherung.
Der Händler hat keinen Verlust.

Brigitte steht im Hafen und sieht hin.
1017 mal sieht sie hin.
Mit den Augen der Liebe.

PORTUGAL,
MARKT TRANCOSO,
23. Juli

Die fünfhundert Schafe, Lämmer und Ziegen
stehen außerhalb der Markthalle,
dicht gedrängt in offenen Pferchen.
Der Mann mit der Baseballkappe
und dem blau-weiß gestreiften Poloshirt öffnet ein Gitter.
Dann greift er das linke Bein von Maria
und das rechte Bein von Martha.
Die Lämmer sind noch ganz klein.
Sie haben keine Kraft sich zu wehren.
Der Mann hebt sie hoch,
schleift sie über den Boden,
zieht sie hinter sich her
und wirft sie über die Bordwand des kleinen Transporters.

Sie fallen auf Juanita.
Das große Schaf hat nur ein halbes Gesicht.
Die andere Hälfte ist eine blutige Masse.
Das Auge ausgeschlagen, die Wangenknochen zertrümmert.

Der Händler hat Juanita
außerhalb des offiziellen Marktes gekauft
und in seinem Lieferwagen versteckt.
Der Transport eines so schwer verletzten Tieres ist verboten.

Maria und Martha drücken sich
an den weichen warmen Bauch des großen Schafes.
Juanita ist nicht ihre Mutter.
Aber sie ist da.
Sie neigt ihren blutigen, zertrümmerten Kopf
und bläst ihren warmen Atem
über die beiden verstörten kleinen Mädchen.

So findet Julia die drei.

ITALIEN, AUTOBAHN BEI PALMANOVA, 29. Juli

Ein Autobahnparkplatz bei Nacht.
Die 22 Pferde aus Polen sind seit fast 40 Stunden
auf dem Transporter.
Sie schlagen mit den Hufen gegen die Wände.
Das bisschen Stroh im LKW ist völlig verdreckt.
Wasser gibt es nicht.
Die ganz kleinen Fohlen wollen bei den größeren trinken.
Die winzigen Mäuler schubsen und stoßen.
Den Großen gefällt das nicht.
Sie beißen und treten.

Im grellen Scheinwerferlicht verhandelt Christine
mit den Polizisten und dem Amtsveterinär.
Bis zum Zielort, dem Schlachthof in Bari,
sind es noch einmal 900 km.
Die Versorgungsställe von Gorizia sind hingegen
nur zwei Stunden entfernt.
Endlich fällt eine Entscheidung:
Der Transporter muss umkehren
und wird von der Polizei nach Gorizia eskortiert.

Als die Pferde ausgeladen werden,
waren sie 44 Stunden auf dem Fahrzeug.
Sie sind sehr durstig, aber zu aufgeregt, um zu trinken.
Sie sind völlig erschöpft, aber zu ängstlich,
um sich hinzulegen.

Zwei dunkelbraune Stuten sehen sich ähnlich.
Feine Gesichter mit intelligenten Augen.
Mutter und Tochter.
Sie verstecken sich im hintersten Winkel des Stalles.
Nur ja einander nicht verlieren!

Auch zwei schwere Füchse mit großer Blesse
drängen sich zusammen.
Der eine legt den Kopf auf den Rücken des andern.
Sie essen nicht.
Sie trinken nicht.
Sie stehen nur da.
Kameraden in einer feindlichen Welt.

Wie gut, dass sie nichts wissen
von der Tötungsbucht im Schlachthof von Bari.
Wie gut, dass sie nicht wissen, dass da jeder allein hinein muss.
Ohne den Freund.
Ohne die Mutter.
Ohne irgendeinen Trost.
Ganz allein.
Aber Christine weiß es.

ITALIEN,
FÄHRE VOM HAFEN PIOMBINO
NACH OLBIA / SARDINIEN,
4. August

Schweinchen Moritz ist ein richtiger Frechdachs.
Christine beobachtet ihn schon eine Weile.
Die Fähre nach Sardinien schaukelt in leichtem Seegang.
Der LKW schaukelt mit.
Das stört Schweinchen Moritz nicht im Geringsten.
Mit viel Gezappel und Gequieke hat er es tatsächlich geschafft,
sich auf die Rücken der andern Ferkel hochzuarbeiten.
Jetzt steht er da, klein, rosa und stolz geschwellt.
Endlich kann er durch die oberen Gitter des LKW,
sonst unerreichbar für ein kleines Ferkel, das Meer sehen.
Weit und blau erstreckt es sich bis zum Horizont.
Moritz schnuppert die Seeluft
und hält die kleinen rosa Ohren in den Wind…

Was für ein erstaunlicher kleiner Kerl, denkt Christine.
Die Ferkel kommen aus Holland
und sollen in Cagliari auf Sardinien geschlachtet werden.
Und jetzt, kurz vor dem Ziel, macht Klein Moritz
immer noch Turnübungen, um sich umzusehen.
Christine selbst ist froh über die Metallkiste an Deck,
auf der sie sitzen kann, nach 30 Stunden unterwegs.
Und sie lächelt über Schweinchen Moritz,
der aus den Rücken der andern Ferkel
im völlig überladenen Transporter
einen Aussichtsturm gemacht hat.
Wie kreativ, denkt sie.
Dabei ist er nur ein paar Wochen alt
und bestimmt hungrig und durstig.

Bei der Ankunft in Cagliari sind fünf Ferkel tot.
Ob Klein Moritz dabei ist, kann Christine nicht feststellen.

ITALIEN, HAFEN BARI,
7. August

Es ist heiß in Süditalien.
Die Lämmer in den Transportern haben längst aufgehört zu rufen.
Es kommt ja doch keiner.

Im ersten Transporter sind alte Schafe aus Spanien.
Drei Etagen Not und Elend.
Im zweiten Transporter sind Lämmer aus Frankreich.
Vier Etagen Not und Elend.
Und Durst.
Auf allen Etagen.

Die beiden griechischen Transporter stehen am Straßenrand.
Sie müssen warten, bis auf der Fähre ein Platz frei wird.
Es ist Samstag.
Touristenautos haben Vorrang.

Die Fähre nach Igoumenitsa legt ab.
Es wird dunkel.
Die beiden Transporter stehen am Straßenrand.
Es ist immer noch heiß in Süditalien.
35 Grad C.

Sonntagmorgen.
Kinderköpfe in den Öffnungen der Aluminiumwände.
Kleine Mäuler hecheln.
Rosa Nasen ringen nach Luft.
Niemand kommt.
Der Hafenveterinär ist nicht erreichbar.
Die Polizei kommt nicht.
Die Hafenbehörde ist nicht zuständig.
Es ist Sonntag in Süditalien.

Anna und Tim
klettern an den LKWs hoch.
Sie tränken Mütter und Kinder.
Mit Wasserflaschen.
Mit Bechern.
Mit einem Teller.
Viel geht daneben,
einiges kommt an.
Die Temperaturen steigen auf 40 Grad C.
Der Gestank nach Ammoniak
und Verwesung ist kaum zu ertragen.
Kein Mensch geht mehr in die Nähe der Transporter.
Nur Anna und Tim.
Mit ihren kleinen Bechern.

Die Fähre nach Igoumenitsa legt ab.
Es wird dunkel.
Die beiden Transporter stehen am Straßenrand.
Die Kinderköpfe in der obersten Etage
sind alle verschwunden.
Es ist immer noch heiß.
35 Grad C.

Am Montag kommt der Amtsveterinär.
Und die Polizei.
Und die Feuerwehr.
Und vier Hafenarbeiter.
Sie lösen die Plomben an den Laderampen.
Sie tragen jeder einen Mundschutz.

Anna und Tim klettern in den LKW.
Ohne Mundschutz.
Sie kriechen in die oberen Ladeebenen.
Sie kämpfen sich durch ein Heer von Fliegen.
Sie fassen aufgequollene Leichen an.
Annas Gesicht ist tränenüberströmt.
Sie merkt es gar nicht.
Sie sucht.
Mit den Augen der Liebe.
Da bewegt sich doch was?
Ein dürres Streichholzbeinchen zappelt.
Da ruft doch wer?
Jetzt hört sie es deutlich: ein ganz schwaches Mäh...
Anna zieht ein lebendiges Lamm unter den toten hervor.
"Es ist ein Junge", sagt sie und reicht es weiter zu Tim.

Tim und Anna tragen schwache kleine Körper
auf ihren Armen zum Stall.
Zu dem Stall im Hafen,
den die Schafe und Lämmer nicht betreten durften,
weil die Transportfirma nicht dafür bezahlen wollte.
Vier Tage waren die Tiere auf den LKWs.
In glühender Hitze.
Ohne Wasser.

Die Arbeiter schieben die Leichen auf einem Haufen zusammen.
Mit dem Frontlader.
Und natürlich mit Mundschutz.
Es sind viele Leichen.
Es ist ein großer Haufen.
Es sind 160 elend verdurstete Schafe.

Die Touristen starren hinüber.
Der stinkende Berg von Leichen passt nicht zur Ferienfröhlichkeit.

Anna tränkt Lämmer.
Kleine Jungs und Mädchen drängen sich um sie.
In dem verbeulten Campingkochtopf ist Wasser.
Richtiges kühles nasses Wasser.
Es dauert lange, bis alle sich satt getrunken haben.
Die Überlebenden.
Übermorgen werden sie wieder aufgeladen.
Auch die Kranken und die Verletzten.
Der Schlachthof in Griechenland hat schon nachgefragt.
Wo bleibt die Lieferung?

Anna sieht sie an.
Die Überlebenden.
Mit den Augen der Liebe.
Tränen hat sie keine mehr.

FRANKREICH, AUTOROUTE DU SOLEIL, 12. August

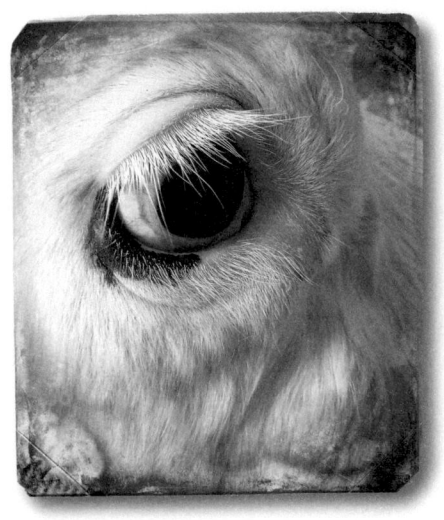

Es ist heiß.
Auf dem Parkplatz Lancone de Provence neben der A 7
spritzen sich die Kinder gegenseitig mit Wasser nass.
Schulferien.
Urlaub.
Lebensfreude.

Nicht weit von uns halten zwei große Tiertransporter aus Italien.
Zugmaschine und Anhänger jeweils doppelstöckig beladen.
Mit Bullen aus Spanien.
Geboren sind sie in Deutschland.
Gemästet wurden sie in Spanien.
Getötet werden sie in Italien.

Ich gehe näher und sehe durch den Schlitz in der Seitenwand
einen großen braunen Kopf.
Zwischen den abgesägten Hörnern kräuselt sich
eine rötliche Haarlocke.
Über den Augen sind zwei kleine Kuhlen,
in denen der Puls vibriert.
Aus der Nase tropft weißliche Flüssigkeit.
Das Maul ist geöffnet.
Durst und Hitze setzen dem Bullen sichtlich zu.
Die Fahrer sind in der Raststätte verschwunden.
Die Tiere stehen in der prallen Sonne.

Und dann mache ich einen Fehler.
Ich sehe dem Bullen in die Augen.
Groß und dunkel und feucht sind diese Augen.
Ich sehe mein Spiegelbild in diesen Augen.
Sommerkleid.
Sonnenbrille.
Sonnenhut.
Die Augen sehen mich an.
Halten mich fest.
Sagen mir, wie schlimm es ist, in Europa ein Bulle zu sein.
Ich nicke den Augen zu.
Ok, habe verstanden, heißt das.
Und: Es tut mir so unendlich leid…

Das habe ich nun davon.
Zwei Augen als Feriengepäck.
Und ich wollte mich doch ein paar Tage einfach nur ausruhen…

SPANIEN, SCHLACHTHOF AVIA,
24. August

Auf dem kleinen grauen LKW sind Kaninchen.
2000 weiße Kaninchen in gelben Plastikkisten.
Zwischen den Kisten herrscht eine Temperatur von 35 Grad C.

Julia und Karin pflücken Löwenzahn auf der Wiese
vor dem Schlachthof.
Aber die Kaninchen sind völlig apathisch.
Sie wollen nichts.

Der Fahrer holt einen Schlauch
und spritzt die Tiere in ihren Kisten ab.
Sie lecken sich gegenseitig das Wasser vom Fell.

Im Schlachthof werden die Kisten auf Förderbänder gepackt
und durch eine Gaskammer geschickt.
Das soll die Tiere betäuben.
Ob es wirklich funktioniert,
ist unter den 'Wissenschaftlern' umstritten.

In diesem kleinen Schlachthof in den Bergen,
nicht weit von Barcelona,
wird jeden Tag 6000 Kaninchen
das Fell abgezogen.

Manche – viele? – sind noch lebendig…

Als Julia wieder im Auto sitzt,
hat sie noch ein Löwenzahnblatt in der Hand.

Die beiden Frauen fahren seit fünf Stunden
hinter den Lämmern her.
Der Transporter hat auf vier Ebenen geladen.
Kleine Gesichter lugen ganz oben über die Hinterwand des LKW.
Kleine weiße Ohren richten sich auf und klappen wieder zurück.
In einer Kurve verschwinden die Köpfe.
Die Lämmer sind umgefallen.
Doch dann sind sie wieder da.
Die Kindergesichter.

Die beiden Frauen haben eine Idee.
Sie fahren dichter auf.
Bei geöffneten Fenstern und voll aufgedrehter Lautstärke
spielen sie den Schafen Musik vor.
Musik von den Beatles.
Die Töne vermischen sich mit dem Dröhnen der Motoren.
Aber die Schafkinder scheinen sie zu hören.
Ohren spielen.
Köpfe drehen sich.
All you need is love….

Nach drei Stunden kommen sie zur Lammschlachterei.
Im Hof stehen türkische Händler.
Leichenteile hängen gut sichtbar an großen Haken.
Geschächtet.
Abgehäutet.
Geviertelt.

Die beiden Frauen beobachten
wie ihre Lämmer abgeladen werden.
In wenigen Stunden werden auch sie an großen Haken hängen.
Geschächtet.
Gehäutet.
Geviertelt.

Langsam gehen die beiden Frauen zurück zum Auto.
Als der Motor anspringt,
geht automatisch auch die Musik an.
All you need is love....

SPANIEN, MARKT LEON, 27. August

Tiermarkt in Leon.
Heute sind die Pferde und Esel wieder ganz schlimm dran.
Julia hat sich hinter die Rückwand
eines Stahlbetonträgers verkrochen.
Sie braucht einen Augenblick Pause vom Elend.

Als Kind hatte Julia ein Bilderbuch.
Der Tierhimmel hieß es.
Verletzte, mißhandelte, unansehnliche Tiere
kommen mit letzter Kraft im Tierhimmel an.
Sie werden versorgt, gepflegt.
Und vor allem werden sie geliebt.
Julia weiß den Vers noch auswendig:
Die Englein springen in einem fort,
sie trösten hier und trösten dort.
Im Tierhimmel werden alle Wunden heil.
Alle Brüche werden wieder grade gerichtet.
Angst und Schmerzen sind vorbei.

Wenn ich diese Engel jetzt hier dabei hätte,
denkt Julia hinter ihrer Säule.
Für Lisa, die weiße Stute mit der großen blutigen Wunde am Bein.
Für Juan, dem der linke Hinterhuf fehlt, einfach so.
Auf dreieinhalb Beinen steht er da
und hat bestimmt höllische Schmerzen.
Für das Fohlen Zorito.
Der kleine Kerl hatte sich offensichtlich das Bein gebrochen
und es ist so schräg wieder zusammengewachsen,
dass er beim Laufen immer wieder hinfällt.
Für Blanco, den weißen Eselhengst mit der großen eitrigen Wunde.
Für Mariposa, die rechts kein Auge mehr hat.
Und für Alberto, das Minipony mit dem schrecklichen Husten.

Ganz sanft wird die Lisa ins Bettchen gebracht,
Traumengel wäscht sie und sagt "gute Nacht".
So steht es im Bilderbuch.

Aber Julia ist kein kleines Mädchen mehr.
Die Bilderbuchzeit ist vorbei.
Hier in Leon ist kein Traumengel, der Wunder tun kann.
Hier ist nur Julia.

Und die kommt jetzt wieder hervor hinter ihrer Säule
und macht sich auf zum Büro der Marktdirektion.
Dort wird sie kämpfen und streiten.
Für Lisa und Juan, für Zorito und Blanco und Mariposa.
Sie wird die Einhaltung der EU-Vorschriften verlangen
und ein Trainingsprogramm für die Arbeiter anbieten.
Alles nicht sehr poetisch.
Völlig ungeeignet für ein Bilderbuch.

Oder vielleicht die Fortsetzung?

DEUTSCHLAND,
AUTOBAHN BEI KASSEL,
1. September

Die beiden großen Eimer haben einen Deckel.
Mit Luftlöchern.
In den Kurven der Kasseler Berge hören wir das Wasser gluckern.
15 Goldfische und ein Krebs auf dem Weg in ein gutes Leben.

Wir haben das völlig verwahrloste Aquarium übernommen.
Aus dem Schaufenster eines Elektrohandels.
Wir haben einen guten Platz gesucht.
Und gefunden.
Nun sind 15 Goldfische und ein Krebs
auf dem Weg in ein gutes Leben.

Frau Schmidt und Lysander.
Goldmarie und Fridolin.
Albert, der unerschütterliche Flusskrebs.
Nur ein paar Euro wert.
Und unbezahlbar.

Frau Schmidt ärgert den armen Albert.
Die sensible Goldmarie lebt ständig in Angst und Schrecken.
Fridolin, der Kraftprotz, schlägt gewaltig mit den Flossen.
Und Lysander wechselt die Farbe von Dunkelrot zu Orange.
Nur ein paar Euro wert.
Und unverwechselbar.

Jetzt liegen die Kasseler Berge hinter uns.
Noch 300 km Wassergluckern.
Noch 300 km Sorge: *'Werden die Fische überleben?'*
Noch 300 km bis zum guten Leben
für 15 Goldfische und einen Krebs.

PS:
Alle 15 Goldfische und Albert kamen wohlbehalten an.
Sie leben im Sommer in einem Teich
und im Winter in einem großen Becken.

SPANIEN, HAFEN CADIZ, 4. September

Isabelle, Mireille und die andern
sind schon zwei Tage und eine Nacht unterwegs.
Alle kommen aus Frankreich.
Alle sind zum ersten Mal schwanger.
Alle sollen nach Teneriffa.

Nun sind sie endlich im Hafen von Cadiz angekommen.
Der Fahrer hat die Fähre verpasst.
Die nächste kommt erst in 18 Stunden.
Ganz hinten im Hafen gibt es einen kleinen freien Platz
für solche Fälle.
Mit Wasseranschluss.
Dort stellt der Fahrer den LKW mit den jungen Kühen ab.
Dann geht er weg.

Es ist heiß an diesem Herbsttag in Südspanien.
Der LKW ist auf allen Etagen kotverschmiert.
Es stinkt nach Ammoniak.
Und es stinkt nach Abfall.
Der kleine Parkplatz für solche Fälle ist zur Müllhalde verkommen.
Eine ausrangierte Waschmaschine
lehnt trübselig an kaputten Betonplatten.
Der rostige Zementmischer ist umgefallen
und liegt nun in den Schaufeln eines unbrauchbaren Krans.
Aus der offenen Tür eines Kühlschranks
rinnt eine bläuliche Flüssigkeit.
Dazwischen Papier, Plastik, Ölpfützen
und zwei rosa Stühle ohne Beine.
Das ist die 'Versorgungsstation für Tiere' im Hafen Cadiz.
Abfall zu Abfall.
Tiere zum Müll.
Hier kommt keiner hin.

Stimmt nicht.
Julia kommt.
Sie sieht die aufgescheuerten Rücken,
weil die Deckenhöhe nicht stimmt.
Sie sieht Blut an der Wand.
Sie fasst das heiße Metall der Gitterstäbe an.
Sie weiß, dass die Überfahrt noch einmal 38 Stunden dauern wird.
Mit dem Aufenthalt in Cadiz sind das allein 56 Stunden auf dem LKW,
ohne die Fahrzeit vorher.
Julia setzt sich auf die umgekippte Waschmaschine und wartet.

Als der Fahrer endlich wiederkommt,
hilft sie ihm, die Tiere zu tränken.
Damit auch wirklich jede etwas bekommt.
Isabelle, Mireille und alle andern.

SPANIEN,
MARKT SANTIAGO DE COMPOSTELA,
8. September

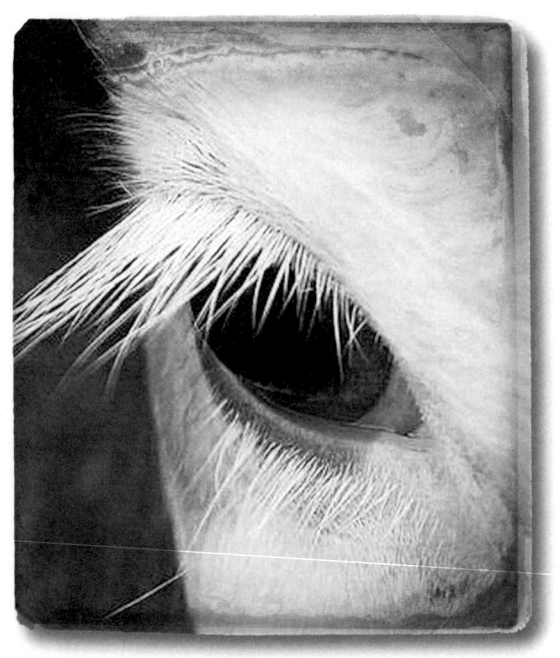

Der Lärm in der Halle ist ohrenbetäubend.
Schweine quieken.
Ziegen meckern.
Schafe blöken.
Pferde wiehern.
Kühe muhen.
Händler brüllen.
Und zweieinhalbtausend Kälber schreien nach ihren Müttern.

Mitten in dem Aufruhr kniet Julia bei Mirabelle.
Eine junge Frau und eine alte Kuh.
Mirabelle ist hingefallen.
Sie kommt von dem glitschigen Boden nicht mehr hoch.
Immer wieder versucht sie es.
Und immer wieder grätschen die Beine auseinander.
Julia kniet neben ihr in Kot und Urin.
Der Händler zückt den Elektrotreiber und zielt auf den Kopf der Kuh.
Julia hält ihre Hand dazwischen.
Eine kleine, erstaunlich saubere Hand.

Die Halle hält den Atem an.
Zwischen Folterstab und Mirabelle ist da jetzt etwas.
Etwas Neues.
Etwas Anderes.
Etwas ganz Stilles in all dem Lärm.

Der Mann respektiert die kleine Hand.
Er schlägt nicht zu.
Und die kleine zärtliche Hand streichelt den armen großen Kopf.

SPANIEN, MARKT LEON,
24. September

Es ist eine unruhige Nacht.
Die Zudecken in dem kleinen Hotel sind zu dünn.
Mir ist kalt.
Während ich zu schlafen versuche,
werden die Tiere für den Markt verladen.
Im Dunkeln.
Mit Tritten und Schlägen.

Morgens früh.
Die Markthalle ist wie immer.
Wir sind auch wie immer.
Unaufgeregt.
Unauffällig.
Aber wir sind da.
Bei den Tieren.
Und alle Händler wissen das.

Wir gehen zuerst zu den Kühen.
Heute sind es viele.
Heute ist 'Schlacht'kuh-Markt.

Susanne liegt im Dreck.
Abgemagert, schmutzig.
Mit uralten Augen.

Wiebke ist beim Verladen ausgerutscht.
Sie kommt nicht mehr hoch und blockiert die Rampe.
Die andern Kühe versuchen, über sie zu springen.
Das klappt nicht.
Sie treten Wiebke auf die Beine, den Bauch, den Hals.
Schließlich wird sie mit Stricken auf den LKW gezogen.
Ihr Kopf liegt im Kot und Urin auf dem Boden.
Das ist nun endlich die letzte 'Reise'.
Für Wiebke aus Aurich in Deutschland.

Vroni hat eine Glocke um den Hals.
Selbstbewusst steht sie da,
überprüft hellwach, was das alles hier soll…
Mit ihr könnte ich mich befreunden.
So von Mutter zu Mutter.
Sie wird heute noch sterben.
Und ich lebe.

In einer Ecke finden wir ein mageres braunes Pferd.
Aus seinen Nüstern läuft grüngelbe Brühe,
tropft auf den Boden,
bildet eine kleine stinkende Pfütze.

Julia holt ein blütenweißes Taschentuch heraus.
Julia hat immer ein blütenweißes Taschentuch zur Hand.
Sie wischt den Schleim weg.
Sie putzt dem Pferd die Nase.

Wie überflüssig diese Geste.
Und wie absolut notwendig.

USA,
FLUGHAFEN BALTIMORE,
28. September

Ich warte auf den Flug nach Calgary/Kanada.
In der Abflughalle tummeln sich einige Vögel.
Wie sie hereingekommen sind, weiß keiner.
Sie leben hier.
Und sie leben nicht schlecht
von den vielen Krümmeln
auf den kleinen Tischen.

Plötzlich sitzt einer vor mir.
Schwarze Knopfäuglein sehen mich unverwandt an.
Im braunen Federkleid sind kleine weiße Flecken.
Die dunklen Krallen machen ein kratzendes Geräusch
auf der Tischplatte.
Der Schwanz wippt auf und ab.

Ich halte ihm ein Stückchen Apfel hin.
Er pickt, ist aber wohl nicht sehr hungrig.
Sein Blick hält meine Augen fest.
Der Kontakt zwischen uns geht von ihm aus.

Ich klage ihm mein Leid.
Ich habe Angst, sage ich zu ihm,
ich will nicht zu den 'beef-producern' nach Alberta fliegen…

Verstehe ich, signalisieren die schwarzen Äuglein,
aber kneifen gilt nicht…
Dann wedelt er mit dem Schwanz,
breitet die Flügel aus
und fliegt davon,
der kleine Mutmachbote.

Einige Tage später stehe ich vor einem Berg
verwesender Pferdeleichen.
Mir ist schrecklich übel.
Da fällt mir der kleine Vogel wieder ein.
Der Vogel vom Flughafen Baltimore.
Und erst jetzt merke ich:
Er hat mich angesehen, der kleine Vogel,
mit den Augen der Liebe.
Und auf einmal ist mir schon viel weniger übel…

KANADA,
LETHBRIDGE, ALBERTA, AUKTIONSSTALL,
29. September

Die Scheune ist nach vorne offen.
Die Ferkel sind in Gruppen von je 50 untergebracht.
Sie haben das Schlachtgewicht mittlerweile fast erreicht.
Entsprechend wenig Platz bleibt für den Einzelnen.

Ich stelle mich auf die Zehenspitzen an die Holztür.
Ohren klappen nach vorne.
Ringelschwänzchen wedeln.
Augen sehen mich an.
Blaue, braune, grünliche.
Intelligente Augen.
Einige Ferkel setzen sich auf ihr Hinterteil.
Das sieht so erwartungsvoll aus.

Wollt Ihr eine Geschichte?, frage ich.
Zustimmendes Grunzen.
Also gut: Es war einmal ein kleiner Schweinebub, der hieß Emil…

Und ich erzähle von Klein-Emil,
der auf der Riedmoos-Alm bei Frau Martha wohnt.
Ich erzähle, wie er im Sommer auf den Almwiesen herumspringt
und im Winter in der Küche vor dem Herd liegen darf.
Ich erzähle, wie Frau Martha in wirtschaftliche Not gerät
und den großen Emil hinunter ins Tal zum Schlachthaus führt.
Als sie sieht, wie die lebendigen Schweine hineingetrieben
und die Schweinhälften hinausgetragen werden, sagt sie:
Komm Emil, wir gehen heim…
Und weil es sich um ein Märchen handelt, passiert auch ein Wunder.
Frau Martha und Emil bekommen lauter Lebensmittel geschenkt
und müssen nicht verhungern.

So erzähle ich.
Natürlich auf Englisch.
Schließlich sind wir hier in Kanada.
Mein Publikum ist ganz still geworden.
Niemand grunzt und schnauft mehr.
Die Ferkel sehen mich unverwandt an.
Mit ihren blauen, braunen und grünlichen Augen.
Ich sehe sie zurück an.
Mit den Augen der Liebe.
Das ist alles, was ich kann.
Weil sie nicht Emil sind und ich nicht Frau Martha.
Und weil wir im wirklichen Leben sind.

Aber manchmal werden ja auch Märchen wahr…

KANADA,
PFERDESCHLACHTHOF IN NEUDORF,
SASKATCHEWAN,
5. Oktober

Die Autofahrt dauert zehn Stunden.
Eisenbahn und Telegraphenmasten geben die Richtung vor.
Immer geradeaus.
Durch das endlos wogende Grasmeer der Prärie.
Bis zum Sonnenuntergang.
Eine Landschaft zwischen Himmel und Erde,
in der ich mir heimatlos vorkomme.

Der Pferdeschlachthof liegt am Ende eines verlassenen Tales.
200 Pferde werden hier täglich getötet.
Wir möchten wissen, ob sie vorher betäubt werden.

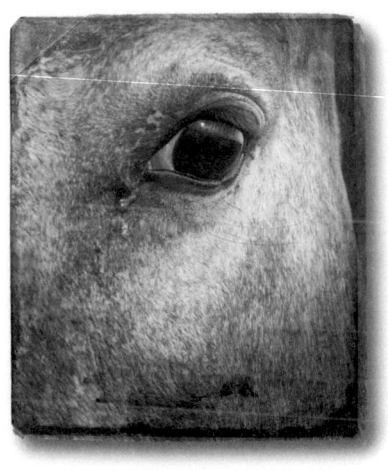

Das Lager für Schlachtabfälle ist eingezäunt.
Knochen, Köpfe, Innereien liegen herum.
Riesige Erdhügel sind aufgeschüttet über alten Abfällen.
Eine Grube ist offen.
Der Gestank ist entsetzlich.

Ich stehe in einem Morast
von abgeschnittenen Beinen
und blutigen Innereien.
Über mir eine Wolke von Möwen und Dohlen,
die zurück wollen zu ihrer Mahlzeit.
Ich ziehe mir Plastikhandschuhe an.
Ich hebe vier Pferdeköpfe hoch,
auf denen weiße Maden krabbeln.
Ich taste hinter den Ohren nach dem Einschussloch
des Betäubungsapparates.
Nichts.
Viermal nichts.
Die Köpfe sind intakt.
Hier stinkt etwas zum Himmel.
Und das ist nicht der Verwesungsgeruch
über diesem schaurigen Ort.
Diesen Pferden wurde wahrscheinlich bei vollem Bewusstsein
die Kehle durchgeschnitten.

Nicht weit vom Schlachthof ist ein deutscher Friedhof.
40 Gräber von Auswanderern und ihren Familien.
Wohl gepflegt.
Marmorsteine mit deutschen Inschriften.
Gepflegter Rasen.
Blumen.

Hinter dem Schlachthof über den Gruben kreisen die Aasvögel.
Auch ein Friedhof.
Für Pferdekadaver.
Für abgehauene Köpfe mit glasigen Augen.
Für abgetrennte Beine.

Zwei Friedhöfe
Können die Toten mit den deutschen Namen hier Ruhe finden?
Wenn nur 3000 m weiter jeden Tag Pferde umgebracht werden?
Ohne Betäubung.

Es wird Abend.
Auch an diesem schlimmen Tag.
Blutigrot geht die Sonne unter.
Über dem weiten Tal heulen die Kojoten.

Wir fahren zurück.
In den Kleidern und Haaren den Gestank der Verwesung.
In der Kamera die furchtbaren Bilder.

Ein grauer Kopf mit aufgerissenen Augen,
erstarrt in grausigem Entsetzen.
Ein schwarzer Kopf ohne Ohren mit langer Stirnlocke
und weichen Nüstern.
Ein brauner Kopf mit in Todesangst gebleckten Zähnen.
Und noch ein brauner Kopf,
der schlimmste von allen.

Wir brauchen diese Bilder.

Aber sie sind nicht nur in der Kamera.
Sie sind auch in meinem Herzen.
Für immer.
Diese Bilder waren fast zuviel,
für meine Augen der Liebe.
Aber nur fast.

PS:
Der Schlachthof in Neudorf wurde zwei Jahre später
von den kanadischen Behörden geschlossen.

POLEN – FRANKREICH,
AUTOBAHNEN,
7./8. Oktober

Der LKW bremst.
Das braune Pferd wird nach vorne geschleudert.
Quer zur Fahrtrichtung geladen,
kann es den Ruck nicht ausgleichen.
Es ist schon lange unterwegs.
Auf Straßen voller Schlaglöcher.
Mit Prügeln auf den Transporter getrieben.
Mit Schlägen wieder heruntergeholt.
Seine Beine sind geschwollen.
Das Stehen tut ihm weh.
Doch das Schlimmste ist der Durst.
Es leckt die Wände des Fahrzeugs ab.
Aber das bisschen Kondenswasser hilft nicht.

Viele Jahre hat das Pferd gearbeitet.
Vor dem Pflug und vor dem hölzernen Karren.
Willig und freundlich.
Der dunkle Schopf über den braunen Augen
wippte im Takt der Schritte.
Der polnische Bauer war kein böser Mann.
Es gab Heu und Rüben im Winter.
Gras im Sommer.
Gelegentlich ein paar Körner.
Und ab und zu sogar ein gutes Wort.
So ging das viele Jahre.
Dann wurde das braune Pferd krank.
Zuerst nur eine kleine Erkältung.
Dann Husten, der nicht mehr aufhörte.

Der Bauer holt den Händler.
Für einen Packen Zlotyscheine wechselt das Pferd den Besitzer.
Auf seinem alten Pritschenwagen nimmt der untersetzte Mann
in der abgewetzten Lederjacke das braune Pferd gleich mit.
Es schreit nach seinem Freund im Stall,
dem andern braunen Pferd.
Es schreit nach seinem Zuhause,
dem schäbigen Hof mit den ärmlichen Gebäuden.
Doch das interessiert keinen.
Das Pferd wird gewogen.
Das Pferd bekommt eine Nummer ins Fell geschnitten
und ein 'S' in den Huf gebrannt.
'S' für 'Schlacht'pferd.
Dann wird es verladen.
Zusammen mit 19 anderen Pferden.
Alle mit dem 'S' auf einem Huf.

Der LKW mit dem braunen Pferd fährt durch Polen.
Über die Grenze nach Deutschland.
Irgendwo zwischen Berlin und dem Potsdamer Dreieck
bekommt der LKW Begleitung.
Hinter ihm sind zwei Autos aufgetaucht.
Mit großen Schildern im Heck.
'TierTodesTransport' steht darauf.
Und: 'Europa, erbarme Dich!'
Stunde um Stunde fahren sie.
Durch Deutschland.
Durch Frankreich.
Die Pferde und ihre Sterbebegleiter.
Es wird Abend.
Es wird Nacht.

Wenn der polnische Fahrer eine Pause macht,
sehen die Menschen aus den beiden Autos nach den Pferden.
Mit ihren Augen der Liebe sehen sie ein blutiges Maul.
Ein altes Pferdegesicht mit vielen grauen Haaren.
Mit den Augen der Liebe sehen sie auch das braune Pferd.
Es hustet.
Es hat Durst.
Es hat Angst.

Nach 16 Stunden kommt der LKW an.
Beim Schlachthof Carpentras
in Südfrankreich.
Das Tor geht auf.
Das Tor geht wieder zu.
Draußen stehen die beiden Autos aus Deutschland.
Draußen stehen vier Menschen mit Tränen in den Augen.

USA, HAWAI, OAHU,
13. Oktober

Der Supermarkt in Oahu auf Hawai ist hell erleuchtet.
In der Auslage der Fleischtheke sind Schweineschinken,
Schweinewürste, Schweinekoteletts arrangiert.
Über allem thront der abgerissene Kopf eines großen Ebers.
Riesige rosa Schlappohren.
Weit aufgerissene Nasenlöcher.
Milchig starren die Augen ins Leere.
Das Tier, zu dem dieser Kopf gehörte, kam aus Kanada.
Aus Lethbridge in Alberta, um genau zu sein.

Im Händlerstall in Kanada werden 400 Schweine verladen.
Mit Tritten und Schlägen.
Elektrotreiber kommen reichlich zum Einsatz.
Drei tote Schweine bleiben liegen.

Der LKW fährt 28 Stunden ununterbrochen
bis nach Vacaville in Kalifornien.
Dort werden die Schweine in rostige Metallschuppen getrieben,
die in der Hitze glühen.
Mit wenig Wasser und in qualvoller Enge
bleiben sie hier eine Woche.
Dann kommt die nächste Verladung.
Diesmal in Metallcontainer.
Schläge, Tritte, Elektrotreiber.
Zwei tote Schweine bleiben liegen.

Die Container mit den Schweinen
werden mit LKWs zum Hafen Oakland gebracht
und dort mit Kränen auf die 'Lurline' verladen.
Fünf Container übereinander.
Die Überfahrt nach Honolulu dauert vier Tage.
Bei gutem Wetter.
Nach fünf Stunden Warten
wird endlich die Erlaubnis zur Einfahrt in den Hafen erteilt.
Die Schweine werden in den glühheißen Metallkisten
zum Schlachthof Oahu gebracht.
Dort werden sie ausgeladen.
Sie humpeln.
Sie bluten.
Sie robben auf dem Bauch, um den Elektroschlägen zu entgehen.
Fünf tote Schweine bleiben liegen.

In dem alten Warenhaus, das zum Stall
für den Schlachthof umfunktioniert wurde,
gibt es keine Einstreu.
Und keine Futtertröge.
Und für jeweils 20 Schweine nur eine Tränke.
Es stinkt nach Urin und Kot.
Auf den schmutzigen Boden
wird ein bisschen verschimmeltes Futter gestreut.
Neben den Gittern
liegen abgezogene Schweinehäute in großen Stapeln.

Achtzig Schweine werden sofort geschlachtet.
Die andern kommen später dran.
Manche harren zehn Tage aus.
Im Dunkeln.
Im Gestank.
In der Hitze.
Hoffnungslos. Verzweifelt. Todtraurig.

Das alles hatte das Schwein hinter sich,
zu dem dieser Kopf gehört.
Der Kopf auf der Fleischtheke des Supermarktes
in Oahu auf Hawaii.
Hier ist es angenehm kühl.
Die Klimaanlage arbeitet einwandfrei.
Die Verkäuferinnen lachen und scherzen.
Der tote Kopf wird gekühlt.
Das lebendige Schwein musste Hitze, Staub und Durst,
Schmerzen, Angst und Traurigkeit ertragen.
20.000 Schweine werden jedes Jahr
von Kanada nach Hawaii gebracht.

John und Larry waren 16 Tage mit den Schweinen unterwegs.
Von Lethbridge bis Oahu.
Sie haben noch die Schreie in den Ohren
und den Ammoniakgestank in der Nase.
Grüne, braune und blaue Augen hat John gefilmt.
Nun fotografiert er noch diesen entsetzlichen Kopf
auf der Theke und die toten Augen.
Nein, er will kein Schweinefleisch kaufen,
entgegnet er auf die Frage der jungen Verkäuferin.
Er ist dreckig und todmüde.
Er will nur noch nach Hause.

PORTUGAL,
MARKT PONTE DE LIMA,
25. Oktober

Hinter den Metallgittern der Transportkiste
drängen sich 63 Entenküken.
Kleine gelbe Federbällchen.
Rosa Schnäbel gehen auf und zu.
Kleine schwarze Knopfaugen blicken interessiert in die Welt.
Es ist eng in der Kiste.
Sehr eng.
Aber alle sind friedlich gestimmt.
Sie erzählen sich etwas.
Mit feinen Pieptönen.
Noch ist es Morgen.
Aber der Tag wird heiß.
Wasser ist in dieser Gitterkiste nicht vorgesehen.

Ein Mann kommt. Ein Händler.
Irgendetwas hat ihn aufgeregt.
Er fuchtelt mit den Händen.
Er stößt an die Gitterkiste.
Sie fällt um.
Die Welt der Entenkinder steht auf dem Kopf.
Panik.
Kleine Flügel schlagen wild in die Luft.
Kleine Schnäbel stoßen helle Schreie aus.
Der Mann, der Händler, lacht.
Er lacht das internationale Lachen,
mit dem Menschen sich über Tiere im Unglück lustig machen.

Tomás kommt.
Er richtet die Kiste auf.
Er zieht seine Weste aus und breitet sie über die Entlein.
Im Halbdunkel beruhigen sie sich wieder.
Dann holt er eine Vogeltränke und hängt sie an die Gitterstäbe.
Erst hier.
Dann dort.
Bis alle satt getrunken haben.
Wegzehrung für einen langen, schlimmen Tag.

RUMÄNIEN, HÄNDLERSTALL IN TARCEA, 28. Oktober

Es ist stockdunkel. Keine Sterne. Kein Mond.
Der Feldweg endet bei einem Komplex von fünf riesigen Hallen.
Die beiden Nachtwächter sitzen in ihrer Hütte.
Hunde gibt es zum Glück keine.

Im Stall riecht es beißend nach Ammoniak.
Eine Glühbirne baumelt einsam von einem Holzbalken
und verbreitet gespenstisches Licht.
Die Schatten der Pferde bewegen sich riesig an den Wänden.
Beim Schein der Taschenlampe wird sichtbar,
wie mager, wie krank, wie schmutzig die Pferde sind.
Mehrere hundert stehen hier im Dreck.
Ohne Futter.
Ohne Wasser.
Ohne Hoffnung.
Sie haben sich schon lange aufgegeben.
Das ist ein Ort völliger Hoffnungslosigkeit.

Direkt unter der trüben Glühbirne steht eine kleine braune Stute.
Sie muss einmal eine Schönheit gewesen sein.
Der feine Kopf, die zierlichen Hufe,
die elegant geschwungene Schulter.
Sie lehnt an einer Betonsäule, um nicht zu fallen.
Ein Auge ist ausgelaufen.
Eiter tropft gelblich in die verdreckten Strohreste.
Fiebriges Zittern läuft in Wellen über das verklebte Fell.
Mit dem guten Auge sieht sie mich an.
Ich höre, was sie mir sagt.
Und ich gebe ihr ein Versprechen.

PS:
Drei Jahre lang stand das Foto der kleinen braunen Stute
auf meinem Schreibtisch.
Drei Jahre lang habe ich telefoniert, geschrieben,
gebettelt und verhandelt.
Drei Jahre hat es gedauert.
Aber ich habe mein Versprechen gehalten.

Am 29.11.2004 wurde ein Dokument veröffentlicht.
'EU-Kommissions-Entscheidung mit Schutzmaßnahmen im Hinblick auf die Einfuhr von Equiden aus Rumänien' – AZ K (2004) 4440

GRIECHENLAND, THESSALONIKI,
2. November

Paul und ich folgen einer Spur.
Wir fahren unter militärischer Bewachung
vom Kosovo durch Mazedonien nach Griechenland.
Zum Mittagessen sind wir Gäste des NATO-Generals in Thessaloniki.
Dann begleitet uns sein Leutnant in einen Außenbezirk der Stadt.
Hier endet die Spur.

Hier leben 667 Hunde.
In Verschlägen und wackligen Hütten.
An der Kette und freilaufend.
Große und kleine.
Kinder und Alte.
Alle mehr oder weniger verletzt und krank.
Aufgesammelt in den Straßen der Stadt.
Medizinische Behandlung gibt es nicht.
Nur ein bisschen Futter, das der Betreuer dieses Asyls erbettelt.

Als wir aus dem Jeep aussteigen, rasen Hunde auf uns zu,
springen hoch, bellen, winseln, wedeln, drehen sich im Kreis.
Sie sind gutmütig und ziemlich schmutzig.
Der Gestank nimmt uns den Atem.
Der Krach ist ohrenbetäubend.

Wir sind nicht wegen der Hunde hier.
Wir sind gekommen, um zwei Esel abzuholen.

In einem winzigen, dunklen, schmutzigen Verschlag
steht sie vor mir.
Thessa.
Mir stockt der Atem.
Sie hat keine Ohren.
Die langen braunen Eselohren fehlen.
Kleine hohle verschmutzte Stümpfe sind da,
wo die Ohren hingehören.

Wir führen sie raus aus der Dunkelheit.
Im hellen Licht der griechischen Sonne wird sichtbar,
was Menschen ihr angetan haben.
Zeichen wurden ihr in die Haut geschnitten.
Zigaretten wurden auf ihr ausgedrückt.
Sie haben ihr das Fell bis auf den Knochen abgezogen.
Und die Ohren weggeschnitten.

Jemand hat sie dann in dieses Hundeasyl gebracht.
Sie war fast tot.
Aber für Euthanasie war kein Geld da.
Thessa wurde gefüttert und getränkt.
Ihre Wunden wurden versorgt.
Das war alles, was man hier für sie tun konnte.

Ihr Leben war monatelang eine einzige Agonie.
Aber sie klammerte sich an dieses bisschen Leben.
Sie wollte nicht sterben.
Ob sie auf uns gewartet hat?
Jetzt steht sie vor mir im hellen Licht von Hellas.
Ihr Körper wirft einen grotesken Schatten auf den Erdboden.
Die Karikatur eines Esels.
Ein grausam verstümmeltes Lebewesen.
Und doch…

Sie sieht mich an.
Barmherzigkeit ist in diesem Blick.
Weisheit und eine unendliche Güte.
Thessa sieht mich an mit den Augen der Liebe.
Du brauchst dich nicht zu schämen, sagt dieser Blick,
auch wenn du ein Mensch bist.

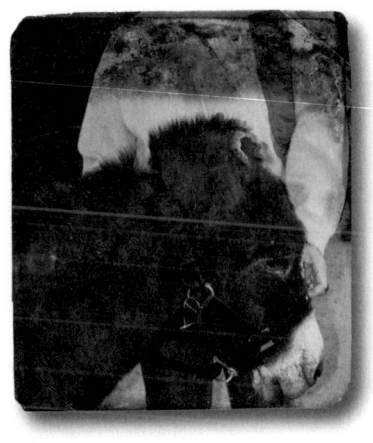

Zwei Jahre später

Ich besuche Paul in der spanischen Station des Donkey Sanctuary.
Er führt mich herum.
Er zeigt, erklärt und lacht,
sein wunderbares ansteckendes Paul-Lachen.
Plötzlich berührt mich jemand von hinten.
Ganz zart, es ist fast nur die Andeutung einer Berührung.

Thessa.
Wieder steht sie im hellen Sonnenlicht.
Ihr Körper wirft immer noch denselben ohrlosen Schatten.
Aber ihr braunes Fell glänzt.
Die zierlichen Hufe sind geputzt und eingeölt.
Ihr rundlicher Bauch ist schneeweiß.
Wieder sieht sie mich an.
Guten Tag, sagen diese weisen alten Augen,
ich freue mich, dich wieder zu sehen.
Sieh mal, wie schön es hier ist…

Sieben wunderbare Jahre verbringt Thessa hier
im El Refugio del Burrito.
Sie wird jetzt Hope genannt
und ist der Liebling aller Mitarbeiter.

Sie stirbt mit über 30 Jahren.
Paul schreibt für sie einen Nachruf:
'Das Leben von Hope ist ein Beispiel für uns alle…'

KANADA,
AUKTION ST. JACOBS, ONTARIO,
11. November

Der Auktionsring mit der Waage.
Die Bieter in steil ansteigenden Stuhlreihen.
Gepolstert für fette männliche Hinterteile.
Ein System von engen Gittern, schmalen Treibgängen,
lauten Metalltüren.
Der Auktionator brüllt in sein Mikrophon.
Die Bauern und Händler machen Witze.
Das Gelächter ist laut – und international.
Es hört sich in allen Sprachen gleich an,
wenn Männer sich über hilflose Tiere lustig machen.

Zuerst sind die 'Butcher' cows dran,
die 'Schlacht'kühe.
Die linke Tür geht auf.
Eine ausgemergelte Elendsgestalt von Kuh taumelt in den Ring.
Sie fällt hin.
Der Arbeiter treibt sie mit dem Elektrostock hoch.
Der Auktionator haut mit dem Hammer auf den Tisch.
Sechs Cent pro kg.
Die Kuh humpelt zur rechten Tür raus.
Dann kommt die nächste.

44 mal geht das so.
Links rein.
Rechts raus.

Curly Sue hat schöne braune Locken.
Tinkerbell hat eine glockenförmige Zeichnung
auf der schwarzen Stirn.
Zwei ganz kleine kommen zusammen rein.
Tiny Trish und Tiny Tina.
Raven, die wundervolle Pechschwarze.
Deborah, Liebchen und Eliza.
Darling und Delicate Lady.
Ich habe oft nicht mal eine Minute,
um einen Namen zu finden.

Als es zu Ende ist, bin ich völlig erschöpft.
Ich ganz allein gegen dieses System.
Da kann ich doch eigentlich nur verlieren.
Jede einzelne Kuh hat einen langen Leidensweg vor sich.
Was sind da meine Namen wert?

Pork, beef, veal.
Wie brutal die englische Sprache sein kann.
Und wie realistisch.
Beschreibt Sprache Wirklichkeit?
Oder stellt Sprache Wirklichkeit her?

Die Kälberauktion beginnt.
Kleine Jungen und Mädchen.
Bei vielen ist die Nabelschnur noch zu sehen.
Sie sind nur wenige Stunden alt.

Versteigerung für die Mast.
Das bedeutet: Enge Boxen,
in denen sie sich nicht einmal umdrehen können,
ein halbes Jahr lang lebendig im Sarg.

Verwirrt und ängstlich stolpern sie auf überlangen Beinen
durch den Auktionsring.
Goldilocks, Bluebell und Peanuts.
Skinny und Hexlein.
Tiny Timmy und Sad Eye.

Nun noch die Schweineauktion.
Zuerst die Ferkel.
Panik total.
Die kleinen rosa Gestalten
rasen durch die Arena.
Quieken ohrenbetäubend
ihren Protest heraus.
So schnell fallen mir keine Namen ein.

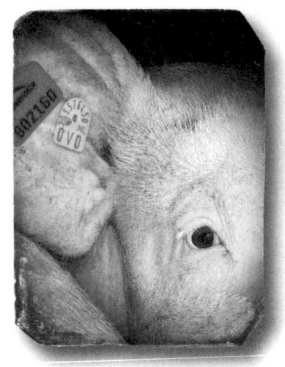

Dann die großen, schweren Muttersauen.
84 Pence pro kg.
Gloria, Miss Marple, Victoria.
Dann kommt Big Lady.
Der Auktionator macht Witze:
"Die passt nicht mal in eure Tiefkühltruhe!"
Brüllendes Gelächter der Männer in Lederwesten
und Cowboystiefeln.

Zuletzt ein mächtiger Eber.
Die Arbeiter haben Angst vor ihm.
Er wird mehr und heftiger geschlagen als die andern.
35 Cent pro kg.
Einen Moment lang steht er mitten im Ring.
Stolz und stark.
Ganz ruhig sieht er sie an, diese Männer.
Aus nachdenklichen hellen Augen sieht er sie an.
Richard Löwenherz.

BELGIEN, PFERDEMARKT, BRÜSSEL,
14. November

Auf dem regennassen Kopfsteinpflaster sind kleine rote Punkte.
Blutstropfen.
Leicht zu übersehen im trüben Licht
der altmodischen Straßenlaterne.
Woher kommen diese Tropfen?

Vor mir hält ein mageres braunes Pferd
mit verklebter Mähne den Kopf schief.
Aus einem tiefen Loch unterhalb des rechten Auges läuft Blut.
Tropfen um Tropfen.
Das sind die kleinen roten Punkte
auf dem Kopfsteinpflaster.

Es ist fünf Uhr früh und stockdunkel.
Ein eiskalter Niesel-Regen-Wind fegt über den Place de la Duchesse,
um den dicht gedrängt Pferdetransporter stehen.
Kleinlaster.
PKWs mit Anhänger.
Die meisten uralt und klapprig,
aber gut genug für 'Schlacht'pferde.

Die Pferde und Ponys stehen angebunden
in langen Reihen dicht nebeneinander.
Zweihundert?
Dreihundert?
Viele haben sich in den zu langen Anbindestricken
verheddert und müssen nun in einer
schmerzhaft gekrümmten Haltung verharren.

Wir sehen Augenhöhlen, die nur noch eine blutige Masse sind.
Beine mit so tiefen Wunden,
dass weiß die Knochen durchschimmern.
Wir sehen Schnabelhufe,
Hufe mit Geschwüren,
unförmig geschwollene Hufränder
und Hufe, aus denen die Nägel
längst nicht mehr vorhandener Hufeisen spitz herausstehen.
Wir sehen ein Pferd völlig ohne rechten Vorderhuf.
'Ausgeschuht' nennt man das mit einem traurigen Euphemismus.
Wir sehen eitrige Ekzeme.
Wir sehen pralle Euter bei Pferdemüttern, aber keine Kinder.
Eine Wolke von Schmerz liegt über den Reihen.
Gekrümmte Rücken.
Hochgehobene Beine.
Hängende Köpfe.
In welcher Haltung tut es am wenigsten weh?

Ein geschecktes Islandpferd steht ganz ruhig.
Es hat beschlossen, diesen ganzen Vorgang 'abzuwettern'.
So wie seine Verwandten Islands Schneestürme ertragen.
Kräftesparend.
Unaufgeregt.
Irgendwann hören auch die schlimmsten Wetter wieder auf…
Hier wird es allerdings nicht aufhören.
Es wird schlimmer werden.
Ein Schlachter hat das Islandpferd gekauft.
Wenn der große Mann im blauen Overall
den Kaffee ausgetrunken hat,
wird er seinen 'Kauf' am Halfter in den Anhänger führen.
Auf dem gelben Halfter steht mit schwarzem Filzstift geschrieben:
'I love my pony'

Zwei braune Reitpferde gehören offensichtlich zusammen.
Die Köpfe eng nebeneinander
warten sie ergeben auf das, was kommt.
Der eine ist verkauft.
Mit groben Tritten und heftigen Schlägen auf die Genitalien
wird er auf einen Anhänger verladen.
Sein Freund steigt, zerrt am Strick
und wiehert sich die Seele aus dem Leib.
Er schreit zum Himmel.
Aber der ist heute geschlossen.

Ein Kaltblutfohlen wird in einen bereits
mit zwei Pferden beladenen Anhänger geprügelt.
Schließlich liegt es quer unter den Köpfen der andern.
Eine falbe Stute stürzt auf der Rampe des Kleinlasters.
Auch mit Schlägen und Messerstichen
ist sie nicht mehr zum Aufstehen zu bewegen.
Schließlich fährt der Händler die hydraulische Rampe hoch,
und das Pferd wird wie Müll in den Transporter gekippt.
Die andern werden schon Platz machen....

Die belgischen Händler rempeln uns an.
Unsere Taschen werden abgetastet nach einer Kamera.
Einer schlägt mit dem Stock in die Luft,
grade so an meinem Kopf vorbei.
Eine Straßenbahn rattert über den Platz.
Wir sind hier im Zentrum von Brüssel.
Wir sind hier im Zentrum der europäischen Macht.
Nicht etwa im Mittelalter...
Menschen steigen aus, hasten zur Arbeit.
Kinder sind auf dem Weg zur Schule.
Mitten durch dieses Elend.
An blutigen Pfützen vorbei.

Glocken läuten.
Frühmesse in der Kirche am Rand des Place de la Duchesse.
Die Glocken sind lauter als das Wiehern der Pferde
und das Geschrei der Händler.
Die Glocken sind älter als Elend und Gewalt.
Die Glocken läuten in der Tradition von Freiheit und Gerechtigkeit.
Die Glocken läuten das Ende ein.
Das Ende dieses 'Schlacht'pferdemarktes.
Die Händler und Schlächter wissen es bloß noch nicht.
Der Priester in der Kirche weiß es vermutlich auch nicht.
Aber ich weiß es.
Die Glocken machen grade den Himmel wieder auf.

PS:
Der Pferdemarkt auf dem Place de la Duchesse in Brüssel wurde im
September 1998 nach über hundert Jahren endgültig geschlossen.

KANADA,
AUKTION COBDEN, ONTARIO,
15. November

Der Auktionsring ist klein.
Die hölzernen Bankreihen gehen steil nach oben.
80 Männer in karierten Hemden,
Anoraks und Cowboyhüten.
Eintausend Rinder.
Der Krach ist ohrenbetäubend.
Jeder brüllt jeden an.

Der Marktdirektor höchstpersönlich
treibt die Tiere durch den Ring.
Er schlägt den Kühen ins Gesicht,
auf die Augen, an die Genitalien.
Die Männer in der ersten Reihe schlagen von außen
mit langen Stöcken auf die Euter ein.
Brüllendes Gelächter.

Die kleinen Bullen haben Durchfall vor Angst.
Die Kühe pinkeln.
Schwangerschaft wird durch einen rohen Griff
in die Vagina 'bewiesen'.

Der Boden wird immer glitschiger.
Fast alle Tiere fallen jetzt hin in ihrer Panik.
Die roten Gesichter der Männer.
Bierdosen. Witze. Grölendes Gelächter.
Beef und veal. Vier Cent pro kg.
Eine Kuh für 20 Dollar.

Ich kritzele Namen auf kleine gelbe Zettel.
Unicorn und Pretty Woman.
Herzdame und Delicate Lady.
Blackface und Knöpfle.
Paulchen, Peter und Ferdinand.
Lost Soul und Moonlight.
Heidi, Bonnie und Hester.
Millie und Queenie.
Robin, Merci und Violet.

Mit meinen Namen korrigiere ich pork, beef und veal.
Mit kleinen gelben Zetteln kämpfe ich gegen die Entwürdigung.
Für eine bessere Welt.

ITALIEN, HAFEN BARI,
23. November

Der kleine Nerz hat sich eingerollt und liegt zwischen den Käfigen,
die nicht gesichert sind und gefährlich hin und her rutschen.
So findet Christine den Ausreißer.

Eintausendachthundert Nerze.
Geboren in Holland.
Transportiert durch
Deutschland,
Österreich,
Italien
bis nach Griechenland.
Eintausendachthundert Nerze.

Der LKW darf nicht auf die Fähre nach Igoumenitsa.
Es fehlen Papiere.
Es fehlt das Bargeld, um die Strafe zu bezahlen.
Es fehlt der Mechaniker für den defekten LKW.

Der Fahrer ist Holländer.
Der Transportbegleiter ist Grieche.
Die Polizei und der Hafentierarzt sind aus Italien.
Dolmetscher gibt es keine.
Nur Christine.

Sie wird zu Hilfe gerufen von den Behörden,
auf Italienisch.
Sie diskutiert am Telefon mit der zuständigen Tierärztin in Holland.
auf Deutsch.
Sie tröstet den völlig überforderten Fahrer,
auf Englisch.

Christine verlangt, dass die Nerze gefüttert werden,
auf Englisch, auf Deutsch, auf Italienisch.
Aber Nerze brauchen Spezialfutter.
Das hat der Fahrer nicht dabei.
Mit Pannen wird in der Transportbranche nicht gerechnet.
Und mit Kontrollen auch nicht.
Schließlich besorgt die Polizei Äpfel.

Eintausendachthundert Nerze.
Der Transport von Holland nach Griechenland
sollte drei Tage dauern.
Jetzt sind die Tiere schon vier Tage auf dem LKW
und immer noch in Italien.
Der ehemalige Schweinetransporter
ist nicht ausgerüstet für die Stapel von Käfigen.
Deshalb rutschen sie hin und her.
Und der Urin aus den oberen Käfigen
läuft aus in die unteren Käfige.
Eintausendachthundert Nerze
sind in eintausendachthundert Käfigen.

Eintausendachthundert Nerze
sind zweihunderttausend Euro wert,
mindestens.
Was kümmert den Händler ein Bußgeld von 9000 Euro?

Die Nerze sehen wunderschön aus.
Das braune Fell hat einem goldenen Schimmer.
Das braune Fell ist ihr Unglück.
Das braune Fell wird ihnen abgezogen
nachdem sie vergast worden sind.
In einer abgelegnen 'Zuchtanlage',
irgendwo in Griechenland.

Die Nerze sehen wunderschön aus.
Aber Christine sieht mehr als glänzendes Fell.
Sie sieht kleine Krallen,
die unablässig am Metallboden kratzen.
Vor und zurück.
Vor und zurück.
Sie sieht kleine Köpfe,
die unablässig weben.
Hin und her.
Hin und her.
Sie sieht völlig verzweifelte kleine Gestalten,
die sich selbst trösten
mit stereotypen Bewegungen.

Christine kann nicht alle Nerze sehen.
Nur die in den äußeren Käfigen.
Aber mit den Augen der Liebe
sieht sie jeden einzelnen.
Und jeder einzelne
von den eintausendachthundert
ist unverwechselbar.

PS:
Die Tiere sehen so elegant aus in ihrem braunen glänzenden Fell,
schreibt Christine später in ihrem Bericht.
Und wenn die Menschen Pelz tragen,
werden sie so häßlich…

AUSTRALIEN,
HIGHWAY BEI EUCLA,
24. November

Der Transporter ist zwölf Meter lang.

Blau mit weißen Gittern.

Hinter den Gittern sind Gesichter zu sehen.

600 Gesichter.

Mit Augen, Nase und Mund.

Angstvolle Augen.

Hektisch aufgeblähte Nasen.

Fest geschlossene Münder mit knirschenden Zähnen.

600 Schafe transportiert auf vier Etagen.

Von Westaustralien nach Südaustralien.

2440 km.

Der Transporter fährt und fährt und fährt.

Auf grauem Asphalt.

Immer geradeaus.

Rechts Sand und Gebüsch.

Links Sand und Gebüsch.

Immer geradeaus.

2240 km.

Hinter dem Truck fahren zwei Autos.

Auch auf grauem Asphalt.

Auch immer geradeaus.

Rechts Sand und Gebüsch.

Links Sand und Gebüsch.

Und ein Schaf.

Weggeworfen.

Wie eine Coladose.

Es hat wohl verzweifelt versucht, aufzustehen.
Die kleinen, dürren Beinchen
haben eine Wanne in den roten Staub gegraben.
Hin und her.
Hin und her.
Spuren eines verzweifelten Todeskampfes.
Ein Schuss hätte ihm das erspart.
Aber das Schaf war dem Fahrer keine Kugel wert.

Etwas weiter liegt noch ein Schaf.
Mitten auf der Straße.
Vom obersten Deck gefallen.
Überfahren vom nächsten LKW.
Blutig.
Zerbrochen.
Platt.

Die Menschen in den Autos halten an.
Sie sehen die Schafe.
Dreckig, armselig.
Abfall.
Die Menschen aus den Autos legen die Schafe unter einen Busch.
Ganz vorsichtig und zart.
Sie erweisen den Schafen die letzte Ehre.
Weil sie mehr sehen, als zwei ausgemergelte Kadaver.
Sie sehen mit den Augen der Liebe.

Und dann steigen sie in die Autos und fahren etwas schneller,
um den Truck wieder einzuholen.

SPANISCHE ENKLAVE CEUTA,
ABD EL KABIR FEST, 27. November

Am Abend vor dem 'Fest' sitzen wir auf der Mole des Hafens
von Ceuta mit unseren winzigen Lichtlein –
Julia, Alberto und ich.

Was wollen wir hier eigentlich noch?

Wir haben alle Dokumentationen verschickt
in den vergangenen Jahren,
alle Anzeigen erstattet,
alle Fragen gestellt.
Ohne Erfolg.
6000 Schafe interessieren niemanden in Madrid oder in Brüssel.
In diesem Jahr ist sogar
das einzige 'richtige' Schlachthaus geschlossen.
Es gibt hier nichts, was wir noch machen könnten.

Was wollen wir also noch?

Es ist so beschwerlich, hierher zu kommen.
Flugzeug, Auto, Schiff.
Und trotzdem kommen wir.
Zu dritt. Seit Jahren.

Unsere Lichter verströmen einen feinen Duft
und machen ein wenig hell.

Plötzlich ist da eine kleine schwarze Katze.
Und eine graue.
Sie leisten uns Gesellschaft bei unserer nächtlichen Wache.
Ein alter Mann kommt.
Ein alter Mann in bescheidenen Kleidern
mit schwerfälligen Bewegungen.
Jeden Abend geht er zu vielen Plätzen in der Stadt
und füttert Katzen.
Mit Abfällen aus den Restaurants.
Ich verstehe nicht, was er auf Spanisch sagt.
Aber seine Anwesenheit ist tröstlich.

Der Morgen des 'Festes'.
Die Gebete sind gesprochen.
Das Gemetzel beginnt.
Familienväter schneiden zögernd und inkompetent
Schafen die Kehle durch.
Die Tiere ersticken minutenlang am eigenen Blut.
Auf Kohleöfen brutzeln Beine und Köpfe.
Der Gestank nach verbranntem Horn und Blut hängt über der Stadt.

In einen grünen Mercedes werden zwei große Ziegen hineingestopft.
Der eine Bock ist schwarz-weiß gescheckt, der andere rot-braun.
Sie wehren sich.
Sie zappeln.
Sie schreien.
Es hilft alles nichts.
Fünf Männer drücken sie zu Boden,
binden sie zu Bündeln zusammen
und packen sie in den Kofferraum.
Die Männer bemerken uns und machen obszöne Gesten.

Schafe auf Hausdächern und Balkonen.
Blut auf dem Gehsteig.
Blut auf dem Straßenpflaster und in den Rinnsteinen.
Die Gleichgültigkeit der Menschen,
die Todesangst der Schafe,
der Gestank nach Blut und verbranntem Horn,
die blutbesudelten Beine der Frauen,
die Messer,
das Geschrei…
Es ist alles wie immer und doch wieder von Neuem fürchterlich.

Vor einem Schlachtzelt liegt Benjamin am Boden.
Die Füße zusammengebunden.
Ganz allein.
Menschen gehen an ihm vorbei.
Sie schreien.
Sie treten über ihn.
Sie treten auch mal auf ihn.
Er liegt da.
Von Gott und den Menschen verlassen.

Ich knie mich neben ihn auf die Erde.
In Dreck und Blut.
Ich wage nicht, ihn anzufassen.
Vielleicht erschreckt ihn das nur noch mehr…?
Aber ich spreche zu ihm.
Ganz leise.
Ich sehe ihn an mit den Augen der Liebe.
Und ich gebe ihm ein Versprechen.

Beim Passahfest grüßen sich die Juden in der Fremde,
fern vom Land Israel, seit vielen tausend Jahren mit dem Satz:
"Nächstes Jahr in Jerusalem…"

Beim Abschied am Flughafen Malaga sagen wir:
"Nächstes Jahr in Ceuta…"
Die Hoffnung stirbt zuletzt.
Und solange wir nach Ceuta kommen ist sie nicht tot.
Die Hoffnung auf die Erlösung der Tiere.

SPANIEN,
MARKT LEON,
29. November

Der weiße Hengst stirbt.
Lange wird es nicht mehr dauern.
Bis es endlich vorbei ist, dieses in Fetzen gegangene Leben.

Seine Kindheit war glücklich auf den endlosen Weiden Andalusiens.
Intelligent und stark war er viele Jahre der Stolz seines Herrn.
Strahlend weiß, mit Bändern geschmückt,
tanzte der Hengst im Festzug der Feria
durch die schmalen Gassen der Stadt.
Doch dann wurde er alt, sein Feuer erlosch.
Der Gang wurde langsamer, der Schwung seines Nackens niedriger.
Er ging von Hand zu Hand.
Immer geringer wurde sein Preis.

Und nun liegt er hier.
Weggeworfen.
Einfach so, am Rand des Parkplatzes.
Neben den Hallen des Pferdemarktes.
Fliegen krabbeln auf dem stumpfen, schmutzig-weißen Fell.
Das eine Auge blutet.
Ab und zu läuft ein Zittern über den großen Körper.
Keiner will ihn.
Nicht mal zum Schlachten ist er gut genug.

Der weiße Hengst stirbt.
Aber er stirbt nicht allein.

Julia kommt.
Sie hockt sich neben ihn auf den kalten Asphalt.
Sie nimmt den großen weißen Kopf in ihre Arme.
Sie nennt ihn beim Namen.
Trueno, flüstert sie, Donner.

SPANIEN,
MARKT LEON,
30. November

Die Betonsäule hinter meinem Rücken ist eiskalt.
Leos Kopf auf meinem Schoß wird immer schwerer.
Leos Augen sind geschlossen.
Sein weißes Maul liegt in meinen Händen.
Ich spüre seinen warmen Atem.
Leo ist ein Esel.
Ein großer grauer Esel.

Jemand hat ihn in der Halle angebunden.
Und ist dann weggegangen.
Einfach so.
Wir haben Leo gefunden.
Er lag zitternd auf dem kalten Beton.
Aufstehen unmöglich.

Wir schieben Stroh unter seinen Körper.
Wir decken ihn zu.
Wir flößen ihm etwas Wasser ein.
Wir holen den Marktveterinär.
Diagnose: gebrochene Hüfte.
Wir verlangen die Euthanasie.
Das geht nur mit Erlaubnis des Besitzers.
Der ist nicht zu finden.

Jetzt hocke ich hier an der Betonsäule.
Mit Leos Kopf in meinem Schoß.
Mein Rücken protestiert.
Meine Beine schlafen ein.
Mein Herz ist bleischwer.

Leo öffnet die Augen und sieht mich an.
In diesem Blick sehen mich alle Esel an.

Esel – die geduldigen, intelligenten, unauffälligen.
Esel – die getretenen, geschlagenen, gefolterten.
Esel – die einzigen Helfer der Armen.

Leo sieht mich an.
Und in seinem Blick liegt die Last von tausend Jahren.
Und der Schmerz.
Und die Ungerechtigkeit.

Ich kann ihn nicht trösten.
Mein Rücken tut mir weh.
Meine Beine tun mir weh.
Mein Herz ist ein Stein.
Meine Gedanken flattern davon.

Ich will ihn aber trösten.
Wer sonst, wenn nicht ich?
Ich kann nicht denken.
Ich kann nicht fühlen.
Aber ich kann singen.
Singen geht immer.

sag mir, wann ist Advent?
So singe ich.
sag mir, wann ist Advent?
wenn die Gefangenen aus ihren Kerkern kommen
gezeichnet aber frei
wenn die Wunden der Gefolterten sich schließen und heilen
dann ist Advent.

Ich singe ganz leise.
Leo hat die Augen wieder zugemacht.
Seine Ohren bewegen sich.
Er hört mir zu.

Bald ist Weihnachten.
Mit Ochs und Esel.
Wie üblich.

Ist das hier heute unser Advent?
Leos und mein Advent?
Ist Gott schon unterwegs, um Leo abzuholen?
Advent heißt 'Ankunft'.
Ist heute hier Advent?

Ich singe ganz leise.
Und mein Lied hüllt uns ein.
Leo und mich.
Mein Lied macht die Tür auf.
Die letzte Tür im Adventskalender.

O du allermiltester Herr Jesu, wie kannstu leyden,
daß deine creaturen also iämmerlich gepeinigt werden?
Ich bitte dich komme doch zu hülff allen vnschüldigen,
bedrangten, daß sie nicht verzweifflen,
und erleuchte die hohe Obrigkeit,
daß sie woll sehen was sie machen,
vnd die grechtigkeit nicht in eine grausamkeit
vnd gottlosigkeit verkehrt werde.
Ich wollte auch, es were also gelegen und beschaffen
daß ich zu allen Kerckeren herumb gehen möchte,
vnd die arme, verhaffte leut besuchen.
O mein Gott wie wolte ichs so gern thun:
wie wolte ich sie alle so hertzlich trösten:
wie wölte ich ihnen einen muth einsprechen,
vnd alle mügliche lieb vmb Christi meines Herren
willen erzeigen!

Pater Friedrich Spee SJ,
Professor für Moraltheologie in Paderborn und Köln.
Verfasser der 'Cautio Criminalis oder Rechtliches Bedenken wegen
der Hexenprozesse', 1631

INHALT

DANKSAGUNG

Mein Dank gilt vor allem Stefan Gebhard, der dieses Buch graphisch gestaltet und die Fotos aus Tausenden von Aufnahmen im Animals' Angels-Archiv herausgesucht hat. Ohne seine zuverlässige und sensible Betreuung hätte ich dieses Projekt so nicht verwirklichen können.

Sehr dankbar bin ich auch Bert Kottmair, der innerhalb kürzester Zeit den Verlag Animals' Angels Press gegründet und meinem Buch damit eine weite Verbreitung gesichert hat. Seine Professionalität und Freundlichkeit hat allen Krisen standgehalten.

Respekt und Dankbarkeit schulde ich allen Animals' Angels-Mitarbeitern und -Mitarbeiterinnen, die auf den Straßen der Welt mit den Tieren unterwegs waren, während ich dieses Buch geschrieben habe. Ihre Leistung war wie immer außergewöhnlich, auch ohne meine Führung.

Adolfo Sansolini hat während der Entstehung dieses Buches die europaweite '8hours-Kampagne' geleitet und in acht Monaten das unglaubliche Ergebnis von 1.000.000 Unterschriften für eine Begrenzung der Transportzeit von 'Schlacht'tieren erreicht. Während ich in meinem stillen Arbeitszimmer bei den Tieren war, hat er für sie in der lauten, hektischen Welt von Politik und Medien gekämpft. Seine Arbeit ist die Fortsetzung dieses Buches mit andern Mitteln, und ich bin ihm von ganzem Herzen dankbar.

Bildnachweis:
Alle Fotos stammen aus dem Animals' Angels-Archiv

Umschlagbild: Max Hunziker, Im Stall (Öl auf Holzfaserplatte, 36x30 cm). o.J.,
Privatbesitz, © Gertrud Hunziker-Fromm, Zürich; Abdruck mit freundlicher
Genehmigung des Verlags am Eschbach, Eschbach/Markgräflerland.

Die auf S. 49 erwähnte Tierherberge in Assisi ist zu finden unter
www.pro-animale.de

Das auf S. 112 erwähnte Märchen ist dem Bilderbuch von Hans Traxler
nacherzählt: Komm, Emil wir gehen heim!, Carl Hanser Verlag, 2004

Der Abdruck des Liedes auf S. 154 erfolgt mit freundlicher Genehmigung
des Peter Janssens Musik Verlages; Text: Friedrich Karl Barth/Ursel Barth,
Musik: Peter Janssens, Rechte: Peter Janssens Musik Verlag, Aus: Wann
kommt der Tag, 1978.

Christa Blanke, geb. 1948, ist Theologin und Heilpraktikerin für Psychotherapie. Schon in den siebziger Jahren kritisierte sie die radikale Ausrichtung der Kirche auf den Menschen und forderte eine aktive Stellungnahme gegen die industrielle Ausbeutung von Tieren.

Ihr Buch 'Da krähte der Hahn – Eine Streitschrift' erschien 1995 im Verlag am Eschbach. Als die zuständigen Vertreter der Kirche ihr Anliegen weiterhin völlig ignorierten, trat die ordinierte Pfarrerin im Jahr 2000 aus der evangelischen Kirche aus.

1995 wurde Christa Blanke durch Medienberichte auf das Leid der europaweit transportierten Tiere aufmerksam. Sie folgte zusammen mit ehrenamtlichen Teams den Transportern. Um auf das Leid der Tiere aufmerksam zu machen, waren Schilder mit der Aufschrift 'TierTodes-Transport – Europa erbarme Dich!' im Heck der Pkws befestigt. Die Frauen und Männer fuhren auf eigene Kosten und in ihrer Freizeit. Durch diese 'Sterbebegleitung' gewann Christa Blanke allmählich ein zutreffendes Bild über das für die Öffentlichkeit unsichtbare Leiden der Tiere auf den Transportern.

1998 gründete Christa Blanke die internationale Tierrechtsorganisation Animals' Angels, die sich als einzige Organisation weltweit ausschließlich für den Schutz der Tiere bei Transporten einsetzt. Aus der Begleitung von Transporten durch Freiwillige wurde eine professionelle internationale Tierschutzorganisation, die ihr Motto 'Wir sind bei den Tieren' täglich lebt und großes Ansehen bei Behörden und Ordnungskräften genießt.

Für ihr herausragendes Engagement im Tierschutz hat Christa Blanke bereits Auszeichnungen in verschiedenen Ländern erhalten. Zur Zeit ist sie aktiv mit einer europaweiten politischen Kampagne für eine gesetzliche Beschränkung der Transportzeit von Tieren auf acht Stunden.

Christa Blanke lebt bei Frankfurt am Main, ist seit 37 Jahren mit dem Pfarrer Michael Blanke verheiratet, Mutter von drei Kindern und Großmutter von drei Enkeln.